Understanding the Anointing

Kenneth E. Hagin

기름부음의 이해

케네스 해긴 지음 | 김진호 옮김

믿음의말씀사

Understanding the Anointing
by Kenneth E. Hagin

ⓒ 1983 RHEMA Bible Church
AKA Kenneth Hagin Ministries, Inc.
P. O. Box 50126 Tulsa, OK 74150-0126 U.S.A.
All Rights Reserved.

2007 / Korean by Word of Faith Company, Korea.
Translated and published by permission
Printed in Korea.

기름부음의 이해

1판 1쇄 발행일 · 2007년 6월 14일
1판 4쇄 발행일 · 2015년 10월 13일

지 은 이 케네스 해긴
옮 긴 이 김 진 호
발 행 인 최 순 애
펴 낸 곳 믿음의 말씀사
주　　소 446-855 경기도 용인시 기흥구 신정로 301번길 59
전화번호 031) 8005-5483 / 5493   FAX : 031) 8005-5485
홈페이지 http://faithbook.kr
출판등록 제68호 (등록일 2000. 8. 14)

ISBN 89-90836-44-1 03230
값 9,000원

본 저작물의 한국어판 저작권은 케네스 해긴 목사님을 통해 FAITH LIBRARY와의 독점 협약으로 '믿음의 말씀사'가 소유합니다. 저작권법에 의해 한국 내에서 보호를 받는 저작물이므로 무단 전재와 복제를 금합니다.

믿음의 방패 마크는 미국 특허청에 등록된 RHEMA Bible Church, AKA Kenneth Hagin Ministries, Inc.의 마크이므로 복제하여 사용할 수 없습니다.(The Faith Shield is a trademark of RHEMA Bible Church, AKA Kenneth Hagin Ministries, Inc., registered with the U.S. Patent and Trademark Office and therefore may not be duplicated.)

목 차

서 문 ··· 6
역자 서문 ·· 8

제 1 부 개인적인 기름부음(The Individual Anointing)

제 1 장 예수님께 임한 기름부음 ···························· 13
제 2 장 내재된 기름부음 ·· 27
제 3 장 나를 인도하신 기름부음 ···························· 45
제 4 장 기름부음 없이 행하는 치유 사역 ··············· 57

제 2 부 사역의 은사를 위한 기름부음(Anointing on Ministry Gifts)

제 5 장 오중 사역의 은사 ······································· 65
제 6 장 설교를 위한 기름부음 ································ 75
제 7 장 가르침을 위한 기름부음 ···························· 87
제 8 장 목회를 위한 기름부음 ································ 93
제 9 장 선지자의 기름부음 ··································· 107
제10장 사도의 기름부음 ······································· 139
제11장 기름부음을 증가시키는 방법 ···················· 149
제12장 기름부음에 순종하기 ································ 165
제13장 독특한 기름부음들 ··································· 169
제14장 치유를 위한 기름부음 ······························· 185

제 3 부 집단적인 기름부음(The Corporate Anointing)

제15장 집단적인 기름부음 ··································· 229

서 문

  지금부터 49년 전 내가 처음 사역을 시작했을 때 오늘날 있던 자료들이 내게도 있었더라면 얼마나 좋았을까하고 생각해 봅니다. 그랬더라면 우리 인생과 사역은 달라졌을 것입니다.
  그래서 나는 우리들이 40년, 50년 걸려 배운 것을 다른 사역자들, 특히 젊은 사역자들과 나누려고 합니다.
  이 책에서 나는 반세기에 걸친 나의 사역을 통해서 기름부음에 관해서 배운 것을 말하려고 합니다. 내 영 가운데 여러분과 나누고 싶은 것이 참으로 많습니다.
  제 1부에서 우리는 새로운 탄생을 통해 모든 믿는 자들이 소유하고 있는 개인적인 기름부음에 관해서 나누려고 합니다. 모든 믿는 자들은 성령 세례를 받음으로써 더 깊은 기름부음을 체험할 수 있다는 것을 가르칠 것입니다. 성령 세례는 모든 믿는 사람들에게 열려 있는 것으로, 섬김을 위해 주시는 체험입니다.
  제 2부에서, 우리는 사역을 위한 은사로서 그 직분과 함께 오는 기름부음인 성령의 기름부음에 관하여 알아 볼 것입니다.

그리스도의 몸에 주신 사역을 위한 은사를 통해 우리가 성장할 수 있도록 하신 하나님께 감사드립니다. 이런 직분으로 부르심을 받은 남녀에게 부으시는 하나님의 기름부음에 대해 하나님께 감사드립니다.

이보다 더 강한 기름부음도 있는데 그것은 교회에 있는 집단적인 기름부음입니다. 우리는 이 기름부음에 관해서는 제 3부에서 공부할 것입니다.

이 책을 읽어 나가면서 이런 기름부음들은 서로 다르다는 것을 명심해야 하겠지만, 이들은 모두 같은 성령님, 즉 오늘날 땅 위에서 일하시는 유일한 하나님으로부터 나온 것입니다.

하나님의 영광이 나타나는 것과 비교할만한 것은 세상 어디에도 없다는 것을 여러분은 발견하게 될 것입니다. 여러분도 한 번 맛을 보고나면 다른 어떤 것에도 더 이상 만족할 수 없게 될 것입니다.

Kenneth E. Hagin

털사, 오클라호마
1983년 7월

역자 서문

믿음의 말씀을 통해 사역자로서 특별히 재정분야의 축복에 대해 깨닫고 실천하여 미국의 아침 TV에 늘 나와 말씀을 가르치고 있는 교사인 글로리아와 케네스 코플런드라는 부부가 있습니다. 이 부부는 여전히 케네스 해긴 목사님의 테이프를 즐겨 들으며 영감을 얻는다고 고백을 하면서 자기들이 쓴 책들과 함께 늘 해긴 목사님의 책을 소개하고 있습니다.

교사 코플런드는 40여년 전 오랄 로버츠 대학에 만학도로 공부하러 갔다가 당대 최고의 치유 사역자인 오랄 로버츠 목사님의 치유의 현장을 목격하였습니다. 그 때 그들은 "믿음의 말씀(Word of Faith)"을 사모하여서 같은 도시 털사에 있는 레마 성경 훈련소를 찾아가 케네스 해긴 목사님의 테이프를 전부 구하여 들으면서 믿음으로 사는 법을 배우게 되었습니다. 결국은 오랄 로버츠 대학 공부도, 오랄 로버츠 목사님의 예비 조종사도 그만 두고, 케네스 해긴 목사님의 충실한 학생이 되어 레마 성경 훈련소에서 정규 2년 과정을 공부한 사역자들 못지않은 세계적인 교사가 되었습니다.

제가 짐작하기에는 이분들이 사역의 일선에서 사라지면 앞으로는 케네스 해긴 목사님에게서 배웠노라고 밝힐 사람은 별로 없을 것입니다. 그 대신 케네스 코플런드에게서 배웠노라고, 찰스 캡스의 책을 읽고 깨우쳤노라고, 조이스 마이어, 케이 씨 프라이스, 제리 사벨, 키스 무어, 조엘 오스틴 등에게서 배웠노라고 말할 사람들이 나오게 될 것입니다. 그러나 이 사람들이 쓴 책과 인용하는 성경 말씀과 그 원리들에서 결국은 케네스 해긴 목사님이 쓰신 책들을 연상하게 되는 독자들이 많을 것입니다. 해긴 목사님의 이름은 언급하지 않아도, 또 그분의 제자 쯤 되는 다음 세대 믿음의 말씀 사역자들의 이름이나 책을 언급하여도, 한 세대 앞서서 해긴 목사님이 이미 가르쳤고 다루셨던 믿음의 말씀의 기본을 통해 배운 것 위에 집을 지은 분들임을 쉽게 발견하게 될 것입니다.

이 책은 10여 년 전에 번역되어 나왔던 책으로서 구하기 힘들게 된 것을 이번에 판권을 받아 다시 번역하여 출판하게 되었습니다. 성령의 기름부음의 역사에 관해서는 비슷한 책도 많고, 탁월한 가르침과 경험, 예언적 말씀 등을 다룬 수많은 책이 있지만, 해긴 목사님이 쓰신 책은 세월이 지나도 그 철저한 성경에 근거한 주장과 깊은 영적 체험, 단순하고 쉬운 믿음의 간증과 평생 가르치셨던 대로 사셨던 열매와 수많은 제자들로 인하여 더욱 가치를 발휘하고 있습니다.

믿음의 말씀사는 믿음의 말씀의 기본이 되고 기초가 되는 케네스 해긴 목사님의 책들을 중심으로 이 방면의 고전적인 책들을 책의 부피와 가격에 관계없이 번역하여 한국의 그리스도인들에게 소개하는 사명을 감당하고 있습니다. 많이 팔리지 않아도 절판하지 않고 판권을 받은 책은 책임지고 끝까지 보급하려고 합니다. 그리하여 한국 그리스도인들에게도 베스트셀러인 "긍정의 힘(Best Life Now)"의 저자 조엘 오스틴 목사님의 아버지가 잔 오스틴 목사님이며, 이분과 함께 믿음의 말씀을 1980년도를 전후해서 꽃을 피우고 전 미국에 전파하셨던 1세대가 바로 케네스 해긴, 티 엘 오스본, 오랄 로버츠 같은 분들이었다는 것을 알리고, 이런 영적 거장들이 남긴 믿음의 말씀의 고전들을 꾸준히 소개할 것입니다.

2007년 봄 탄천이 보이는 나의 "골방"에서

김진호 목사

그리스도의 대사들 서울 / 용인교회 담임
예수선교사관학교장

제 1 부

개인적인 기름부음

(The Individual Anointing)

제 1 장
예수님께 임한 기름부음
(The Anointing on Jesus)

구약 시대에는 보통 평신도(오늘날 우리는 "믿는 자"라고 부릅니다)는 그 사람 안에나 그 사람 위에나 기름부음을 소유하지 못했습니다. 하나님의 임재는 성전의 지성소에 격리되어 있었습니다.

그러나 하나님께서는 왕은 왕의 직분을, 제사장은 제사장의 직분을, 선지자는 예언자의 직분을 감당할 수 있도록 기름을 부어주셨습니다. 하나님의 영이 이 세 직분자들 위에 임하여서 그들이 각자의 직분을 감당할 수 있는 능력을 주시곤 했습니다.

다윗은 세 가지 기름부음을 모두 받았습니다. 다윗은 왕이었지만 제사장이었으며 선지자였습니다. 시편 92편에서 다윗은 이렇게 말했습니다. "…내게 신선한 기름을 부으셨나이다"(10절) 기름은 성령님의 모형입니다.(우리는 흔히 이런 신선한 기름부음이 필요합니다.)

오늘날의 기름부음들

하나님께서는 오늘날도 선지자들에게 기름을 부어주고 계십니다. 선지자들은 하나님의 대언자들입니다. 선지자의 직분은 하나님을 위해 말하는 모든 일, 즉 가르치고 설교하는 모든 것을 다 포함하지만, 특별히 예언자의 직분을 감당하는데, 예언자의 직분은 기름부음이 있어야만 하기 때문입니다. 하나님께서는 오늘날도 사람들이 설교하고 증거하고 찬양하도록 기름을 부어 주십니다.

하나님께서는 지금도 제사장들에게 기름을 부어주십니다. 제사장의 역할이 무엇이었습니까? 그는 다른 사람들을 대표했습니다. 제사장 이외의 다른 사람들은 지성소의 하나님의 임재 안으로 들어갈 수 없었지만, 제사장 즉 대제사장은 지성소 안으로 들어갈 수 있었기 때문에 그는 백성들을 위한 중재자였습니다. 하나님께서는 오늘날에도 여전히 중재자들에게 기름을 부어주고 계십니다. 하나님은 사람들이 기도하도록 기름을 부어주십니다. 이런 사람들에게 기름부음이 있습니다.

또한 하나님께서는 왕들에게 기름을 부어주고 계십니다. 우리는 모두 왕이므로 하나님께 영광을 돌립시다. 로마서 5장 17절은 우리가 "생명 안에서 왕 노릇하리로다"라고 말하고 있습니다. 왕 노릇할 수 있도록 기름부음을 받았기 때문에 우리는 왕 노릇할 수 있습니다.

기름부음에 관한 다른 구약성경의 말씀에는 스가랴서와 이사야서에 있는 아래의 말씀이 있습니다.

> 스가랴 4:6
> 그가 내게 일러 가로되 여호와께서 스룹바벨에게 하신 말씀이이러하니라 만군의 여호와께서 말씀하시되 이는 힘으로 되지 아니하며 능력으로 되지 아니하고 오직 나의 영으로 되느니라

우리는 힘과 능력을 항상 하나님의 영과 연관해서 생각합니다. 이 말씀에서 하나님께서 힘과 능력을 말씀하실 때 사람의 힘을 말하고 있는 것이 아닙니다. 하나님께서는 스룹바벨에게 "전쟁에서 이기는 것은 군대의 힘이 아니라 나의 영으로 되는 것이다"라고 말씀하고 계십니다. 승리는 하나님의 영으로 말미암은 것이지 사람의 힘으로 되는 것이 아닙니다.

> 이사야 10:27
> 그 날에 그의 무거운 짐이 네 어깨에서 떠나고 그의 멍에가 네 목에서 벗어지되 기름진 까닭에〈because of the anointing, '기름부음으로 인하여' :역자 주〉 멍에가 부러지리라

가끔 우리는 위 구절을 바꾸어서 "멍에를 꺾는 것(부러뜨리는 것)은 기름부음이다"라고 하기도 하는데, 이 말은 "기름부음 때문에 멍에는 반드시 부러지게 될 것이다"라는 말씀과 똑 같은 말입니다.

이 말은 우리의 삶과 사역에서도 진리입니다. 질병의 멍에나

마귀가 우리를 멸망시키려고 우리에게 가져다주는 것은 어떤 것이든지 기름부음으로 말미암아 반드시 파괴될 것입니다.

신약성경에서 우리는 기름부음이 예수님의 사역에 어떻게 역사했는지 봄으로써 우리도 기름부음 아래서 어떻게 사역을 하는지 배울 수 있습니다.

> 누가복음 4:14-19
> 14 예수께서 성령의 권능으로 갈릴리에 돌아가시니 그 소문이 사방에 퍼졌고
> 15 친히 그 여러 회당에서 가르치시매 뭇사람에게 칭송을 받으시더라

14절에 "능력"이란 단어가 성령과 연관되어 사용되고 있는 것을 주의해서 보십시오. 위의 두 절을 합치면 우리는 이렇게 말할 수 있습니다. "그는 성령의 능력으로 돌아가셔서 가르치셨다." 혹은 "그는 성령의 능력 안에서 가르치셨다." (왜냐하면 가르치는 기름부음이 있었기 때문입니다.)

> 16 예수께서 그 자라나신 곳 나사렛에 이르사 안식일에 자기 규례대로 회당에 들어가사 성경을 읽으려고 서시매
> 17 선지자 이사야의 글을 드리거늘 책을 펴서 이렇게 기록한 데를 찾으시니 곧
> 18 주의 성령이 내게 임하셨으니 이는 가난한 자에게 복음을 전하게 하시려고 내게 기름을 부으시고 나를 보내사 포로 된 자에게 자유를 눈먼 자에게 다시 보게 함을 전파하며 눌린 자를 자유케 하고

19 주의 은혜의 해를 전파하게 하려 하심이라 하였더라

위에서 성령과 연관된 첫 번째 단어가 "능력"(14절)이고 그 다음이 "기름부음"(18절)이라는 것을 주의해 보십시오.

고넬료와 그 집의 사람들에게 설교할 때 베드로는 이렇게 말했습니다. "하나님이 나사렛 예수에게 성령과 능력을 기름 붓듯 하셨으매 그가 두루 다니시며 선한 일을 행하시고 마귀에게 눌린 모든 사람을 고치셨으니 이는 하나님이 함께 하셨음이라"(행 10:38)

예수님께서는 이렇게 말씀하셨습니다. "주의 성령이 내 위에(upon me) 임하셨으니…왜냐하면 그가 내게 기름을 부으셨기 때문이다〈because He hath anointed me, 킹 제임스 성경에는 이 구절이 있으나 한글 개역개정판 성경에는 없음:역자 주〉."(눅 4:18) 위의 말씀 전부를 보면 하나님께서는 무엇보다도 우선적으로 두 가지 일, 즉 복음 전하고 병을 고치도록 하기 위해서 예수님에게 기름을 부으셨습니다. (복음을 전하는 것과 연관해서 말하면 예수님은 가르치는 기름부음도 역시 받으셨습니다.)

예수 그리스도의 사역

주 예수 그리스도의 지상 사역에 관해 말할 때에 대부분의 사람들은 즉시 이렇게 대답합니다. "그렇지만 예수님은

하나님의 아들이셨잖아요." 물론 그분은 하나님의 아들이셨습니다. 그러나 그들이 깨닫지 못하고 있는 것은 그분이 하나님의 아들이라는 것과 사역을 행하시는 한 사람으로서의 그분은 별개의 문제라는 것입니다. 예수님은 하나님의 아들로서 사역을 하신 것이 아니고 성령으로 기름부음을 받은 사람으로서 사역하셨습니다.

잠깐만 멈추어서 생각해 보면, 우리가 지금 공부하고 있는 누가복음 4장에서 이것을 알게 될 것입니다.

예수님께서 안식일에 자기 고향 나사렛에 있는 회당에 들어가셔서, 이사야서 두루마리를 받아 읽으셨습니다. 예수님은 우리가 방금 공부한 말씀을 읽으셨습니다. "주의 성령이 내게 임하셨으니…내게 기름을 부으시고…" 읽기를 마치시고 예수님은 그 두루마리를 시중드는 사람에게 넘겨주시고 자리에 앉으셔서, 사람들을 가르치기 시작하셨습니다.

예수님은 이렇게 말씀하셨습니다. "이 글이 오늘 너희 귀에 응하였느니라"(눅 4:21)

예수님께서 하나님의 아들로서 사역하셨더라면 기름부음을 받을 필요가 없었을 것입니다. 아니면 예수님께서 육신으로 나타나신 하나님으로서 사역을 하셨더라면 하나님께서 기름부음을 받으실 필요가 있었단 말입니까?

누가 하나님에게 기름을 붓겠습니까?

빌립보서 2장 7절은 예수님은 "오히려 자기를 비어 종의 형체를 가져 사람들과 같이 되었고"라고 말하고 있습니다.

킹 제임스 번역본은 이 부분이 약간 불분명합니다. 다른 번역본에는 예수님은 이 세상에 오셨을 때 하나님의 아들임에도 불구하고 그가 "자기의 강한 능력과 영광을 내려놓았다(laid aside)", 혹은 "벗어 버렸다(stripped Himself)"라고 번역하였습니다.

예수님은 사람으로 오셨습니다. 어떻게 사람으로 오실 수 있었을까요? 나는 알지 못합니다. 성경이 그렇다고 하니까 성경 말씀을 믿는 것입니다.

내가 여러 번 말했듯이 예수님은 30세 때 하나님의 아들이었던 것처럼, 21세 때도 하나님의 아들이었습니다. 30세에 하나님의 아들이었듯이, 25세 때도 하나님의 아들이었습니다. 마찬가지로 25, 26, 27, 28, 29세 때도 하나님의 아들이었지 않습니까? 그럼에도 불구하고 30세 이전에는 예수님께서 사람의 병을 고쳤다거나 기적을 행하신 적이 한 번도 없었습니다.

어떻게 이것을 알 수 있습니까? 성경이 그렇게 말하고 있기 때문입니다. 성경은 예수님께서 요단강에서 세례 요한으로부터 침례를 받으신 후 기름부음을 받으셨으며, 성령이 비둘기 같은 형체로 그 위에 강림하셨다고 말하고 있습니다(눅 3:22). 하나님께서는 하늘로부터 이렇게 말씀하셨습니다. "너는 내 사랑하는 아들이라, 내가 너를 기뻐하노라"(마 3:17, 눅 3:22)

예수님의 첫 번째 기적

하나님의 말씀은 그 후에 예수님께서 갈릴리로 돌아가셔서 어머니와 함께 가나에서 있던 혼인 잔치에 참석했다고 말하고 있습니다. 예수님께서는 거기서 물을 포도주로 변화시키셨는데, 성경은 이것이 예수님께서 행하신 첫 번째 기적이라 말하고 있습니다. "예수께서 이 첫 표적을 갈릴리 가나에서 행하여 그의 영광을 나타내시매 제자들이 그를 믿으니라"(요 2:11)

예수님께서 사람이 되셨을 때, 그분은 하나님의 아들로서의 강한 능력과 영광을 내려 놓으셨기 때문에, 예수님도 사람을 치유하기 전에 기름부음을 받아야만 했습니다. 비록 예수님은 하나님의 아들이었지만 능력에 있어서는 하나님의 아들이 아니었습니다. 이 말은 모순같이 들리겠지만 여러분은 이해할 수 있죠?

사람들이 "그렇지만 예수님은 하나님의 아들이잖아요"라고 말하는 것은 예수님의 사역이 그분만의 특별한 사역이라고 생각하는 것입니다. 만일 예수님의 사역이 그분만의 특별한 사역이라면 아무도 그분처럼, 아니 비슷하게라도 사역할 수는 없다는 것을 의미합니다.

예수님은 하나님의 아들이기 때문에 오직 그분만이 특별한 분이었습니다. 그러나 사역을 하는 데 있어서는 예수님은 그런 특별한 분은 아니었습니다.

왜 그럴까요? 요한복음에서 예수님이 하신 말씀을 기억해 보십시오.

> 요한복음 14:12
> 내가 진실로 진실로 너희에게 이르노니 나를 믿는 자는 내가 하는 일을 그도 할 것이요 또한 그보다 큰 일도 하리니 이는 내가 아버지께로 감이라

그러므로 예수님이 하신 일, 즉 사역이 그분의 일이었는데, 많은 사람들이 믿고 있는 것처럼 예수님의 사역이 특별한 것이라면 예수님께서 거짓말을 하신 것이 됩니다. 예수님은 "나의 하는 일을 그(예수님을 믿는 자)도 할 것이요 또한 그보다 큰 일도 하리니…"라고 말씀하셨습니다.

이와 같이 예수님은 자신의 일이나 사역을 자기만 특별히 할 수 있는 것이라고 하지 않으셨습니다.

그렇다면 왜 이러한 사실이 지금까지 바르게 이해되지 않았습니까?

우리는 종교적으로 세뇌를 당했기 때문에, 이 주제에 관해서 말씀을 철저하게 연구하지 않았기 때문입니다. 우리는 그저 '맞아, 이 문제에 대해선 더 이상 깊이 들어갈 필요가 없어. 왜냐하면 예수님은 하나님의 아들이신걸. 어쨌든 내가 예수님처럼 사역할 수는 없으니까' 라고 생각했습니다. 물론 그래서 우리는 놓쳤던 것입니다.

예수님께서 행하신 다섯 가지 사역

바울은 에베소서 4장 8절에서 그리스도께서 위로 올라가실 때 사람들에게 선물을 주셨다고 썼습니다. 이 선물이 무엇입니까? 그 선물은 11절에 기록되어 있습니다. "그가 어떤 사람은 사도로, 어떤 사람은 선지자로, 어떤 사람은 복음 전하는 자로, 어떤 사람은 목사와 교사로 삼으셨으니" 이 선물은 보통 "오중 사역 은사"라고 불립니다.

실제로 예수님께서는 이 다섯 가지 사역 모두를 행하셨고, 각 사역의 모범이 되셨습니다.

첫째로, 예수님은 사도의 직무를 행하셨습니다. 히브리서 3장에서 예수님은 사도로 불렸습니다.

> 히브리서 3:1
> 그러므로 함께 하늘의 부르심을 받은 거룩한 형제들아 우리가 믿는 도리의 사도이시며 대제사장이신 예수를 깊이 생각하라

사도(apostle)로 번역된 희랍어 아포스톨로스(apostolos)는 "보냄 받은 자"란 뜻이므로 예수님은 "보냄 받은 자"의 최초이자 최고의 모범입니다. 예수님은 하나님이 보내시고 성령님이 보내신 분입니다.

두 번째로, 예수님은 선지자의 직무를 행하셨습니다. 누가복음 4장에서 예수님은 자신을 "선지자"라 부르셨습니다.

"선지자가 고향에서는 환영을 받는 자가 없느니라"(24절)

여러분은 사마리아 우물가의 여인의 이야기를 알고 있을 것입니다. 그녀는 예수님께서 약속하신 생수를 원한다고 말했습니다. 그러나 예수님께서 그녀에게 가서 남편을 불러오라고 말하자 그녀는 "나는 남편이 없나이다"(요 4:17)라고 말했습니다.

예수님은 이렇게 대답하셨습니다. "네가 남편이 없다 하는 말이 옳도다 너에게 남편 다섯이 있었고 지금 있는 자도 네 남편이 아니니 네 말이 참되도다"(17, 18절)

다른 말로 하면, 예수님께서는 지금 그녀와 함께 살고 있는 남자는 그녀의 남편이 아니라고 말씀하셨습니다.(오늘날 현대 세상에는 심지어 은사주의에 속한 사람들도 "그가 실제로 내 남편이란 것을 하나님도 알고 계시지요"라고 하면서 결혼을 하지 않고 동거하는 사람들도 만나볼 수 있게 되었습니다. 당신이 원숭이 삼촌이 아닌 것처럼 그는 당신의 남편이 아닙니다.)

야곱의 우물가에 있던 여인은 "주여 내가 보니 선지자로소이다"(19절)라고 하면서 예수님을 인정했습니다. 그녀는 물동이를 버려두고 동네로 들어가서 사람들에게 말했습니다. "나의 행한 모든 일을 내게 말한 사람을 와서 보라 이는 그리스도가 아니냐"(29절)

선지자가 하는 사역의 한 가지는 어떤 것을 초자연적으로 보고 아는 것입니다.(구약 성경에서는 선지자는 종종 "선견자[seer]"라고 불렸습니다.) 그러므로 예수님은 선지자이셨습니다.

　예수님은 또한 복음 전도자의 직무도 수행하셨습니다. 누가복음 4장 18절에 예수님은 이렇게 말씀하셨습니다. "주의 성령이 내게 임하셨으니 이는 가난한 자에게 복음을 전하게 하시려고 내게 기름을 부으시고…" 복음 즉 기쁜 소식을 전하는 일이 바로 복음 전도자가 하도록 기름부음을 받은 일입니다.

　네 번째로, 예수님은 목사의 직무를 행하셨습니다. 예수님은 "나는 선한 목자라"고 말씀하셨습니다(요 10:14). "목자(shepherd)"란 단어는 "목사(pastor)"라고 번역된 단어와 같은 단어입니다. 베드로는 예수님을 "목자장(the chief Shepherd)"라고 부르고 있습니다(벧전 5:4).

　다섯 번째로, 예수님은 교사의 직무도 행하셨습니다. 네 복음서는 다른 어떤 것보다도 예수님의 가르침에 대해서 더 많이 말하고 있습니다. "가르치다" 또는 "가르쳤다"라는 말을 찾아 밑줄을 쳐보면 당신은 예수님께서 병을 고치신 것보다 더 많이 가르치신 것을 알 수 있습니다. 예수님은 병을 고치신 것보다 더 많이 가르치셨습니다. 예수님은 설교하시는 것보다도 더 많이 가르치셨습니다. 가르치는 것이 첫째였습니다.

　마태복음 9장 35절은 이렇게 말하고 있습니다. "예수께서 모든 도시와 마을에 두루 다니사 그들의 회당에서 가르치시며 천국 복음을 전파하시며 모든 병과 모든 약한 것을 고치시니라"

예수님의 사역은 가르치는 것, 복음을 전하는 것, 병을 고치는 것이었습니다. 이 각각의 직분과 함께 하는 기름부음이 있었습니다.

여러분이 자신의 직분을 감당하려면 기름부음이 있어야 할 것입니다. 기름부음은 더욱 강해질 수도 있고 더욱 증가될 수도 있습니다. 나중에 공부하겠지만 반대로 여러분이 기름부음을 약화시키거나 감소시킬 수도 있습니다.

한량없는 성령

세례 요한은 예수님에 대해 말하면서 예수님이 "한량없는" 성령을 소유하고 계신다고 말했는데, 이는 우리들 개인은 "한정된" 성령을 소유하고 있다는 말입니다.

> 요한복음 3:34
> 하나님이 보내신 이는 하나님의 말씀을 하나니 이는 하나님이 성령을 한량없이 주심이니라

믿는 자 안(in)에는 어떤 목적을 위해 일정한 성령이 있지만, 하나님께서 당신을 부르신 직분을 행하도록 하는 기름부음은 당신 위에 임합니다(comes upon). 같은 성령이지만 그것은 다른 기름부음입니다.

주 예수 그리스도께서는 한량없는 성령을 가지셨기 때문에, 다섯 가지 중요한 사역의 은사를 모두 가지고 계셨으며, 그분은 우리 모두가 따라야 할 모범이 되십니다.

제 2 장
내재된 기름부음
(Anointing Within)

"우리를 너희와 함께 그리스도 안에서 견고케 하시고 우리에게 기름을 부으신 이는 하나님이시니 저가 또한 우리에게 인치시고 보증으로 성령을 우리 마음에 주셨느니라"(고후 1:21-22)

"너희는 거룩하신 자에게서 기름부음을 받고 모든 것을 아느니라…너희는 주께 받은 바 기름부음이 너희 안에 거하나니 아무도 너희를 가르칠 필요가 없고 오직 그의 기름부음이 모든 것을 너희에게 가르치며 또 참되고 거짓이 없으니 너희를 가르치신 그대로 주 안에 거하라"(요일 2:20, 27)

요한일서의 두 절에는 기름부음이란 단어가 사용되었습니다.

우리가 새롭게 탄생할 때 성령님이 우리 안에 들어오시기 때문에 모든 믿는 자는 자기 안에 거하는 기름부음을 가지고 있습니다. 로마서 8장 9절은 이렇게 말하고 있습니다. "누구든지 그리스도의 영이 없으면 그리스도의 사람이 아니다"

그리스도의 영은 성령님입니다.

우리가 여기서 말하는 것은 성경 용어로 성령세례를 받는다거나 성령의 충만함을 받는 것을 말하는 것이 아닙니다. 성령세례를 받는다는 것은 새로운 탄생과는 다른 체험입니다.

두 개의 영적 체험

믿는 자들의 삶에서 성령의 역사는 거듭남과 성령세례, 두 가지 입니다. 사마리아 우물가의 여인에게 가르치신 것 가운데서 예수님은 이렇게 말씀하셨습니다. "…내가 주는 물은 그 속에서(in him) 영생하도록 솟아나는 샘물이 되리라"(요 4:14)

요한복음 7장에서 예수님은 이렇게 말씀하셨습니다. "나를 믿는 자는 성경에 이름과 같이 그 배에서(out of) 생수의 강이 흘러나오리라"(38절)

예수님께서 제자들에게 이렇게 말씀하셨습니다. "내가 아버지께 구하겠으니 그가 또 다른 보혜사를 너희에게 주사 영원토록 너희와 함께 있게 하리니 그는 진리의 영이라…그는 너희와 함께(with) 거하심이요 또 너희 속에(in) 계시겠음이라"(요 14:16-17) 나중에 예수님은 제자들에게 이렇게 말씀하셨습니다. "오직 성령이 너희에게(upon) 임하신 후에는(after) 너희가 권능을 받고…내 증인이 되리라"(행 1:8)

예수님께서 말씀하고 있는 이것들은 서로 다른 두 가지 체험인 것이 분명합니다. 그 중 하나인 새로운 탄생의 체험은 당신에게 큰 축복입니다. 이것은 "너희 속에서(in you)" 영생하도록 솟아나는 샘물입니다. 다른 하나의 체험은 성령세례로, 당신이 다른 사람들을 위하여 복이 되도록 만드는 것입니다. 그것은 "너희로부터(out of you)" 흘러나오는 강입니다. 이것은 누가복음 24장에서 예수님께서 약속하신 "능력으로 입혀지는 것"을 말하는 것으로, 모든 믿는 자에게 주어지는 것입니다.

> 누가복음 24:49
> 볼찌어다 내가 내 아버지의 약속하신 것을 너희에게 보내리니 너희는 위로부터 능력을 입히울 때까지 이 성(예루살렘)에 유하라 하시니라

성령 안에 사는 삶

영으로 태어나 성령세례 받은 믿는 자들의 삶 가운데 역사하시는 성령님에 대해 연구해 보면 많은 것을 알게 됩니다.

우리 안에 계시는 성령님께서 우리가 하나님의 자녀라는 것을 우리의 영과 더불어 "증언한다(bear witness)"는 것도 알게 됩니다(롬 8:16). "무릇 하나님의 영으로 인도함을 받는 사람은 곧 하나님의 아들이라"(롬 8:14)고 한 것도 알게 됩니다.

또한 살리시는 분은 성령님이라는 것도 알게 됩니다. "예수를 죽은 자 가운데서 살리신 이의 영이 너희 안에 거하시면 그리스도 예수를 죽은 자 가운데서 살리신 이가 너희 안에 거하시는 그의 영으로 말미암아 너희 죽을[사형 선고를 받은] 몸도 살리시리라[또는 생명으로 충만하게 하시리라]"(롬 8:11)

우리는 성령님이 어떻게 우리가 기도하도록 도와주시는지도 알 수 있습니다. 예를 들면 고린도전서 14장 14절에서 바울은 이렇게 말했습니다. "내가 만일 방언으로 기도하면 나의 영이 기도하거니와…"

확대 번역 성경(The Amplified Bible)에는 이렇게 번역되어 있습니다. "내가 [알지 못하는] 방언으로 기도하면 [내 안에 있는 성령으로 말미암아] 나의 영이 기도하거니와 나의 마음(mind)은 수확이 없으니 즉 열매도 맺지 못하고 아무에게도 도움이 되지 못합니다. 그러면 내가 어떻게 할까요? 내가 영으로 즉 내 안에 있는 성령으로 기도하고 또한 내가 알아들을 수 있게 즉 내 마음(mind)과 이해함으로써 기도할 것입니다. 나는 내 안에 있는 성령님에 의해서 내 영으로 노래할 것입니다. 그러나 나는 또한 알아들을 수 있게 내 마음(mind)과 이해함으로써 노래할 것입니다."

로마서 8장 26-27절은 이렇게 되어 있습니다. "이와 같이 성령도 우리의 연약함을 도우시나니 우리는 마땅히 기도할 바를 알지 못하나…" 우리가 가진 약점 중의 하나는 마땅히 기도해야 할 때에 무엇을 기도해야 할지를 알지 못한다는 것입니다. "그러나 오직 성령이 말할 수 없는 탄식으로 우리를 위하여 친히 간구하시느니라 마음을 살피시는 이가 성령의 생각을 아시나니 이는 성령이 하나님의 뜻대로 성도를 위하여 간구하심이니라"

앞의 구절들을 함께 종합해 보면, 우리가 마땅히 기도해야 할 때에, 뭐라고 기도해야 할지 모르는 것들을 위해 기도할 수 있도록, 성령께서 우리를 도와 말로 표현할 수 없는 탄식과 방언으로 기도할 수 있도록 하신다는 것을 알 수 있습니다. 하나님께 감사할 것은 성령님이 아신다는 것입니다. 믿는 자들의 삶 가운데 역사하시는 하나님께 감사를 드립시다!

요한복음 14장에서 예수님께서 제자들에게 성령님에 관해 하신 말씀을 다시 봅시다.

> 요한복음 14:16-17
> 16 내가 아버지께 구하겠으니 그가 또 다른 보혜사(Comforter)를 너희에게 주사 영원토록 너희와 함께 있게 하시리니
> 17 저는 진리의 영이라 세상은 능히 저를 받지 못하나니 이는 저를 보지도 못하고 알지도 못함이라 그러나 너희는 저를 아나니 저는 너희와 함께 거하심이요, 또 너희 속에 계시겠음이라

다른 번역 성경에서는 주로 "너희를 아무 도움도 받지 못하는 상태로 내버려 두지 않고 다른 돕는 자(Helper)를 보낼

것이다"라고 번역되어 있습니다. 그리스어의 "파라클레토스(parakletos)"는 "위로자(Comforter)"로 번역되었는데 여기서는 "곁에서 도와주도록 부름 받은 자(one called alongside to help)"라는 뜻입니다.

확대 번역 성경에서는 16절에 있는 이 그리스어의 일곱 가지 뜻을 설명해 주고 있습니다. 위로자(Comforter), 상담자(Counselor), 돕는 자(Helper), 중재자(Intercessor), 대언자(Advocate), 강하게 해주는 자(strengthener), 곁에서 대기하는 자(standby)입니다. 성령님은 이 모든 역할을 다 하시는 분입니다.

성령님은 교사입니다

우리가 기도하고 증거하도록 도와줄 뿐만 아니라 이 기름부음은 가르침으로 우리를 도와주십니다.

17절에서 예수님께서는 위로자(Comforter)를 진리의 영이라고 부르셨습니다. 요한복음 15장 26절에서는 이렇게 말씀하셨습니다. "내가 아버지께로부터 너희에게 보낼 보혜사 곧 아버지께로부터 나오시는 진리의 성령이 오실 때에 그가 나를 증언하실 것이요"

성령님은 절대로 자기 자신을 증언하지 않으십니다. 성령님은 예수님을 증거하십니다. 예수님은 성령으로 우리에게 말씀하십니다. 오늘날 예수님은 살과 피를 가진 몸으로 여기 이 땅위에 계시지 않습니다. 왜냐하면 예수님의 몸은 부활하셨고 그분의 피는 우리 죄를 위해 흘려졌기 때문에 이제 그분은 살과 뼈(눅 24:39)를 가진 몸으로 계십니다. 살과 뼈를 가진 몸으로 예수님은 하나님의 오른편에 앉아 계시며(롬 8:34), 우리를 위하여 "항상 살아 계셔서 간구하십니다"(히 7:25).

그러므로 예수님은 자연 상태로 여기 계시지 않지만 감사하게도 성령님이 여기 계시며 예수님은 성령으로(by the Spirit) 우리에게 말씀하십니다. 기름부음이 여러분을 가르칠 때는 바로 예수님께서 우리를 가르치시는 것입니다. 왜냐하면 예수님은 이렇게 말씀하셨기 때문입니다. "내가 아버지께 구하겠으니 그가 또 다른 보혜사를 너희에게 주사 영원토록 너희와 함께 있게 하리니"(요 14:16) 위로자이며, 돕는 자이신 파라클레토스가 오셨습니다. "그가 너희를 모든 진리 가운데로 인도하시리니…"(요 16:13) 성령님이 하시는 일로 인하여 하나님께 감사합시다!

이 구절은 이렇게 계속됩니다. "…그가 스스로 말하지 않고 오직 들은 것을 말하며 장래 일을 너희에게 알리시리라"

예수님은 15절에서 더 말씀하셨습니다. "그가 내 것을 가지고 너희에게 알리시리라"

그러므로 모든 진리 가운데로 우리를 인도하시고, 예수님의 것을 가지고 우리에게 보여 주시는 일이 바로 성령님이 하시는 일입니다.

요한복음 14:26
보혜사 곧 아버지께서 내 이름으로 보내실 성령 그가 너희에게 모든 것을 가르치시고 내가 너희에게 말한 모든 것을 생각나게 하시리라

혹시 한 번 밖에 읽지 않았거나 거의 모르고 있었던 성경 말씀을 성령님이 어떻게 생각나게 해 주시는지 깨닫게 된 적이 있습니까?

하나님께 감사하십시오. 이것이 바로 믿는 자 안에서 하시는 성령님의 일입니다.

요한은 그의 첫 번째 서신을 쓰면서 요한일서 2장 20절에서 이것을 "기름부음(anointing or unction)"이라고 부르고 있습니다.

요한일서 2:20
너희는 거룩하신 자에게서 기름부음을 받고 모든 것을 아느니라

계시의 영

성령님은 우리에게 모든 것을 보여 주시도록 되어 있습니다. 고린도전서에서 바울은 이 사실을 이렇게 말하고 있습니다. "하나님이 자기를 사랑하는 자들을 위하여 예비하신 모든 것은 눈으로 보지 못하고 귀로 듣지 못하고 사람의 마음으로 생각지도 못하였다"(고전 2:9)

우리는 흔히 이 구절을 읽고 이렇게 말하는데, 우리 모두 때때로 이런 잘못을 저지르곤 할 것입니다. "이것 참 놀랍지 않습니까? 하나님은 우리가 본적도 없고 알지도 못하는 것들을 공급하여 주실 것입니다." 그러나 하나님께서 말씀하시는 것은 전혀 그런 것이 아닙니다. 그 바로 다음 절이 이렇게 말하고 있습니다. "오직 하나님이 성령으로 이것을 우리에게 보이셨으니 성령은 모든 것 곧 하나님의 깊은 것까지도 통달하시느니라"(10절)

할렐루야! 성령님은 계시의 영입니다. 그분은 하나님의 것을 가져다가 우리에게 보여주실 것입니다.

요한은 우리가 기름부음을 받았으므로 우리가 모든 것을 안다고 말하고 있습니다. 우리가 알고 있는 것 이상의 것을 알지 못하는 것은 우리가 교사이신 성령님께 귀를 기울이지 않기 때문입니다. 그래서 요한일서 2장 27절에서 요한은 이렇게 기록하고 있습니다. "너희는 주께 받은 바 기름 부음이 너희 안에 거하나니 아무도 너희를 가르칠 필요가 없고 오직 그의 기름부음이 모든 것을 너희에게 가르치며 또 참되고 거짓이 없으니 너희를 가르치신 그대로 주 안에 거하라"

하나님으로부터 받은 기름부음이 당신 안에(in) 거한다는 것에 주의하십시오. 기름부음이 어디에 있다고 하였습니까? 당신 안에(IN YOU) 있습니다. 이 말씀은 예수님께서 요한복음 14장 17절에서 하신 말씀과 비슷해 보이지 않습니까?

요한복음 14:17
그는 진리의 영이라 세상은 능히 저를 받지 못하나니 이는 저를 보지도 못하고 알지도 못함이라 그러나 너희는 저를 아나니 저는 너희와 함께 거하심이요 또 너희 속에 계시겠음이라

성령님은 어디에 계실까요? 당신 안에(IN YOU) 계십니다. 자동적으로 우리는 요한일서 4장 4절을 생각합니다. "너희 안에(IN YOU) 계신 이가 세상에 있는 자보다 크심이라" 여기서 요한은 기름부음을 "계신 이(He)"라고 부르고 있는데 그분은 하나님의 인격체(divine personality)이기 때문입니다. "너희 안에 계신 이가 세상에 있는 자보다 크심이라" 나는 우리 중 과연 어느 누가 우리 안에 거하시는 그분을 이용하여 이 말씀 그대로의 충만함 가운데 살았는지 진지하게 의심하지 않을 수 없습니다. 성령님이 우리 안에 거하신다는 것이 사실이라면 우리는 당장 이 세상에 있는 어떤 것도 두려워할 필요가 없습니다. 왜냐하면 이 세상에 있는 어떤 것보다도 더 큰 분을 우리 안에 모시고 있기 때문입니다!

"그렇지만 당신은 내가 참고 견뎌야 했던 것이 어떤 것이었는지 모를 거예요!"라고 말하며 사람들은 불평을 합니다.

나는 당신이 참고 견뎌야 했던 것이 무엇이었는지 관심이 없습니다. 성령님은 더 크십니다! 더 위대하십니다!

요한일서 2장 27절에 이런 말씀이 있습니다. "아무도 너희를 가르칠 필요가 없고" 이 말은 하나님께서 교회에 교사들을 세우지 않으셨다는 뜻이 아닙니다. 우리에게 교사가

필요 없다 뜻도 아닙니다. 성령님은 스스로 모순되지 않으십니다.

어떤 사람이 성령의 영감으로 가르칠 때 우리를 가르치는 것은 사람이 아니라 성령이라는 것을 생각해 본 일이 있습니까?

성령님이 우리를 가르치실 것이며 우리가 가르치는 말씀을 들을 때 그 가르침이 옳은지 아닌지를 성령님이 우리의 영으로 더불어 증거하실 것입니다.

성경 밖의 얘기

한 교사가 나의 친구에게 많은 문제를 일으킨 적이 있었는데, 그 교사는 35년 동안 성경을 가르쳐 온 사람이었습니다. 내 친구는 자기의 성경 공부 반 학생들을 데리고 그 교사의 집회에 참석했는데 그는 그 교사의 가르침이 점점 잘못되어가고 있음을 깨닫게 되었습니다.

마침내 내 친구는 그 교사에게 자기의 성경을 건네주며 이렇게 말했습니다. "당신이 가르친 내용에 대해서 성경의 장과 절을 내게 찾아주셔야 합니다. 그 내용을 성경을 통해서 보여 주십시오."

이 순회 교사는 내 친구에게 성경을 돌려주면서 이렇게 말했습니다. "내가 설교한 내용은 그것(that thing) 안에서는 찾을 수 없을 것입니다."(성경을 그것이라고 부르기 시작하는 것부터 이미 문제가 있는 것입니다.)

"아, 아닙니다. 나는 그 것을 훨씬 벗어난 것을 말하고 있습니다." 당신이 만일 성경 밖으로 벗어났다면 당신은 성령 밖으로 벗어나 있는 것입니다. 왜냐하면 요한이 요한일서 5장 7절에서 말했듯이 성경은 성령과 말씀이 하나[일치한다]라고 말하고 있기 때문입니다.

나를 더욱 놀라게 했던 것은 구원받고 성령세례를 받아 순복음교회에서 성경을 가르치던 교사였던 내 친구가 이 거짓 교사에게 말려들어가 자기 반 학생들의 절반을 잃어버렸다는 것이었습니다.

반면에 겨우 두 주일 전 한 천막 집회에서 거듭난 한 중국 여자 청년은 어느 날 그 교사가 가르치는 모임에 하루 저녁 참석했다가 그가 틀렸다는 것을 깨달았습니다. 그녀는 내게 이렇게 말했습니다. "내 안에서 뭔가가 '다시는 그 집회에 가지 말아라' 라고 말하는 것이 아니겠어요? 그래서 다시는 가지 않았어요."

그녀는 성령세례도 받지 않은 어린 아기 신자였지만 그녀는 자기 안에 있는 영의 소리에 귀를 기울였던 것입니다.

우리에게 이런 일들이 벌어지는 이유는 그리스도인이 된 지 오래 되었어도 우리가 영을 따르는 대신 우리의 머리를 따라 행하기 때문입니다. 우리는 흔히 우리의 영을 희생시키며 우리의 머리만 교육해 왔습니다.

하나님의 영은 우리를 가르칠 것입니다. 이것이 그 중국 여인에게 "그는 틀렸다. 거기 가지 말아라"라고 가르쳐 주신 하나님의 영입니다.

물론 하나님께서는 교회에 교사들을 두셨습니다. 교사는 오중 사역 중의 하나로서 하나님께서 우리를 가르치는 방법 중의 하나입니다. 또 한편으로는 가르치는 분(the Teacher)이 우리 안에 계십니다. 그분이 옳은 경우에는 옳다고 우리에게 말씀해 주시고 옳지 않은 경우에는 옳지 않다고 우리에게 말씀하실 것입니다. 믿는 자들은 누구나 자기 안에 이런 기름부음을 모두 가지고 있습니다. 우리는 기름부음을 달라고 기도할 필요도 없습니다. 우리는 이미 가지고 있습니다.

왜 그리스도인들이 패배하는가

성령님은 얼마나 실감나는 분이신지요! 사람들이 처음 그리스도인이 되었을 때부터, 내주하시는 성령님을 의식하는 것을 개발하기 시작하면 성령님은 자신의 모습을 나타내실 것입니다. 그렇지만 대부분의 경우에 그리스도인들은 바른 가르침을 받지 못해왔습니다.

그들은 자신들이 하나의 '체험'을 했다고 생각합니다. 그리고 그들은 계속해서 그런 체험과 같은 또 다른 체험을 하려고 노력합니다. 그러나 그것은 하나의 체험이 아닙니다. 그들 안에 살기 위해 들어오신 분은 하나님의 인격체(a divine

Personality)로서 어떤 인격적인 존재입니다. 그분은 하늘에 속하신 성령님이십니다.

우리는 이것을 배우지 않았거나 바른 것을 배우지 않았기 때문에 너무나 자주 패배하며 살아 왔습니다. 그러므로 우리는 잘못 배운 것들을 다시 솎아내서 안 배운 것으로(unlearn) 해야만 합니다. 잘못 배운 것을 배우지 않은 상태로 다시 가르치는 것이 처음 배우는 것보다 훨씬 더 어렵습니다. 우리가 하나님과 동행하기 위해서는 가끔 우리는 배웠던 것들을 배우지 않은 상태로 만들어야만 합니다.

우리가 듣고 있는 것을 우리의 마음(mind)으로 다 이해하지 못할 때도 우리는 우리의(인간의) 영에 주의를 기울이는 법을 배워야 합니다. 나는 사람들의 설교도 듣고 테이프도 듣고 책도 읽었지만 내 머리로는 이해할 수가 없었습니다. 그러나 나의 내부에서는 무엇인가 갑자기 돌아가는 것처럼 느껴졌습니다. 내 안에 계신 성령님으로 말미암아 나의 영이 내게 "맞아, 그렇지"라고 말하고 있는 것을 나는 알았습니다. 그러나 이러한 증거에도 불구하고 이런 것들이 쉽게 받아들여지지 않았습니다. 여러분들도 이런 문제가 있었습니까? 아니면 나만 이런 문제가 있었던 것입니까?

우리가 생각하는 것이나 우리가 지금까지 배워왔던 것들은 우리가 영적인 영역으로 들어가는데 방해가 되는 경우가 많이 있습니다. 이런 것이 우리가 방언으로 기도하는 것도 못하게 합니다.

바울은 이렇게 말했습니다. "내가 만일 방언으로 기도하면 나의 영이 기도하거니와 나의 마음(mind)은 열매를 맺지 못하리라"(고전 14:14) 우리의 이해, 또는 다른 말로 하면 우리의 마음(둘 다 같은 것입니다)은 모든 것을 알고자 하지만 하나님께서 통변을 주시지 않으면 우리의 마음은 성령으로 하는 기도의 내용을 알 수 없습니다.

그러므로 우리의 마음(mind)은 방언으로 기도할 필요가 없다고 말하며 설득하려고 합니다. 얼마 동안 기도한 후에 우리의 마음(mind)은 "이런 방언 기도가 무슨 소용이 있단 말인가?"라고 말할 것입니다.

그 때 마귀는 아직 새롭게 되지 않은 마음(mind) 편을 들어서 그 생각에 동의하며 이렇게 말할 것입니다. "그까짓 방언 기도가 네게 무슨 유익이 되겠어? 너는 지금 네가 한 말인데도 단 한 마디도 알아듣지 못하고 있잖아! 이게 무슨 바보 같은 짓이야? 게다가 어디 다른 나라 말 같지도 않잖아."

이것이 바로 우리의 문제입니다. 우리는 하나님의 말씀이 그것에 대하여 뭐라고 하는지 귀를 기울이는 대신에, 어떤 것이든지 우리가 주인이 되어 머리로 판단을 내리는 것입니다. 하나님께서는 이사야서 28장 11절에서 심지어 이렇게까지 말씀해 주셨습니다. "더듬는 입술과 다른 방언으로 그가[하나님께서] 이 백성에게 말씀하시리라" 그러므로 그냥 더듬거리기만 했더라도 하나님께 감사하십시오. 더듬거리게 하시는 것도 역시 성령님이십니다! 그렇게 받아들이고 하나님과 동행하십시오. 더 많은 것을 기대하십시오. 그러면 더 많이 주실 것입니다.

하나님의 성전

우리는 앞에서 "너희 안에 계신 이가 세상에 있는 자보다 크심이라"라고 하신 요한 일서 4장 4절의 말씀을 살펴보았습니다. 여기서 요한은 우리 안에 계신 성령님 즉 "너희 안에 계신 그리스도니 곧 영광의 소망이니라"라고 하신 분에 대해 말하고 있습니다(골 1:27). 그분은 성령의 능력으로 우리 안에 거하십니다.

고린도전서 3장에서 바울은 요한이 말한 것과 같은 것을 다른 말로 표현하고 있습니다. 요한은 "너희는 주께 받은 바 기름부음이 너희 안에(IN YOU) 거하나니"(요일 2:20)라고 말했습니다. 바울은 여기서 "너희가 하나님의 성전인 것과 하나님의 성령이 너희 안에 계시는 것을 알지 못하느냐"(고전 3:16)라고 말하고 있습니다.

고린도전서 6장 19절을 보십시오. "너희 몸은 너희가 하나님께로부터 받은 바 너희 가운데 계신 성령의 전인 줄을 알지 못하느냐 너희는 너희 자신의 것이 아니라"

바울이 고린도 교인들에게 쓴 두 번째 편지를 살펴보십시오. 그는 이 진리를 다시 강조하고 싶었음에 틀림없습니다.

고린도후서 6:14-16
14 너희는 믿지 않은 자와 멍에를 같이하지 말라 의와 불법이 어찌 함께 하며 빛과 어두움이 어찌 사귀며
15 그리스도와 벨리알이 어찌 조화되며 믿는 자와 믿지 않은 자가 어찌 상관하며
16 하나님의 성전과 우상이 어찌 일치가 되리요 우리는 살아계신 하나님의 성전이라 이와 같이 하나님께서 가라사대 내가 저희 가운데 거하며 두루 행하여 나는 저희 하나님이 되고 저희는 나의 백성이 되리라 하셨느니라

믿는 사람들을 "믿는 자"라 불리고, 믿지 않은 사람들을 "믿지 않는 자"라고 불렸습니다.

믿는 자를 "의(righteousness)"라고 하고, 믿지 않은 자를 "불법(unrighteousness, 불의)"이라고 했습니다. 믿는 자를 "빛"이라고 하고, 믿지 않는 자를 "어둠(darkness)"이라고 했습니다. 믿는 자를 "그리스도"라 하고, 믿지 않은 자를 "벨리알(Belial)"이라고 했습니다. 믿는 자를 "하나님의 성전(the temple of God)"이라고 하고, 믿지 않은 자를 "우상(idols)"이라고 했습니다.

정말 소리쳐 외칠만한 진리가 아닙니까? 안 그렇습니까? "우리는 살아계신 하나님의 성전입니다. 하나님이 말씀하시기를 '내가 그들 가운데 거하며 [다른 말로 하면 그들 안에 살면서] 그들 가운데 두루 행할 것이다' 라고 하셨습니다."

이와 같이 우리 각 사람 안에(in) 거하시는 각자의(개인

적인) 성령의 기름부음이 있습니다. 우리는 이 기름부음을 이용하는 법, 즉 그 혜택을 누리는 법을 배울 필요가 있습니다.

제 3 장
나를 인도하신 기름부음
(How the Anointing Led Me)

요한일서 2장에서 우리가 공부한 본문은 이렇게 말씀하고 있습니다. "너희는 주께 받은 바 기름부음이 너희 안에 거하나니…모든 것을 너희에게 가르치며…" 기름부음의 목적은 무엇입니까? 기름부음은 우리에게 모든 것을 가르쳐 주시기 위해 주신 것입니다!

나는 내가 거듭난 그 날 밤을 기억하고 있습니다. 1933년 4월 22일 나는 다시 태어났습니다. 바로 그 날 밤에 "기름부음"이 내 안에 들어오신 것을 알고 있습니다. 나는 마치 내가 밖으로 두 귀를 가지고 있는 것과 똑 같이 나는 내 안에서 기름부음을 의식하고 있었습니다.

성령님께서 많은 것들을 내게 가르쳐 주시려고 시작했지만 나의 머리는 그 가르침을 따르려고 하지 않았습니다. 나는 성령님의 음성에 귀를 기울일 줄 몰랐습니다. 우리의 머리는 온통 종교적인 것들로 찌꺼기가 가득 차 있고 우리의 영에 귀를 기울이고 따르는 훈련이 되어 있지 못했습니다.

그러나 나는 열대여섯 살의 나이에 병상에 누워 있으면서 하나님의 말씀에 깊이 빠져 들게 되었는데 하나님의 영은 내게 신유(divine healing)에 관하여 가르쳐 주셨습니다.

다섯 명의 의사들이 내게 같은 말을 했습니다. "너는 죽게 될 것이다. 이제 남은 것은 죽는 것뿐이다. 너는 살 수 없단다. 네가 살 수 있는 확률은 백만분의 일도 안 된다."

그러나 내 안에 있는 뭔가가, 즉 우리에게 모든 것을 가르쳐 주시는 그 기름부음이, 내적인 "어떤 것"이 이렇게 말했습니다. "너는 죽을 필요가 없다. 지금은 아니다. 이 나이로는 아니다. 십대에 죽는 것은 아니야. 너는 살 수 있다. 너는 나을 수 있다!"

나는 이렇게 말했습니다. "나도 살 수 있다고요?"

내 안의 그 무엇이 이렇게 말했습니다. "모든 것은 그 책 안에 있다. 그 책을 읽어라. 성경, 바로 그 책 안에 다 있다." 감사하게도 나는 말씀에 빠져들어 갔습니다. 성령님께서 나를 가르쳐 주셨습니다. 내게 세상의 선생님은 없었습니다.

그러나 성경은 어려웠습니다. 선생님이 있었다면 영적인 것을 배우기가 훨씬 더 쉬울 것입니다. 왜냐하면 당신은 선생님을 보고 선생님에게 들을 수 있을 것이며, 당신 안에 계시는 성령님께서는 선생님이 옳은 것을 가르치고 있는지 당신에게 알려 주실 것입니다.

하나님께 감사하게도 성령님께서는 나를 가르쳐 주셨습니다. 나는 성령님께 귀를 기울였고 그분은 나를 말씀으로 바로 인도하시고, 믿음으로 바로 인도하시고, 치유로 바로 인도해주셨습니다.

내가 성령님께 귀를 기울이지 않았다면 어떻게 되었겠습니까? 나는 아무런 가르침도 받지 못했을 것이며, 죽어서 영광 가운데 들어가긴 했겠지만 하나님께서 나에게 하라고 부르신 소명을 이루지는 못했을 것입니다. 그렇게 되었으면 레마(RHEMA) 성경 훈련소도 없었을 것입니다. 듣는 것을 배웠던 것이 얼마나 다행한 일입니까!

내 안에 있던 "어떤 것(something)"이 내게 말하려고 했던 것에 진작 귀를 기울였더라면 나는 훨씬 일찍 병상에서 빠져 나왔을 것이라는 사실을 나는 병이 다 낫고 난 뒤에야 깨닫게 되었습니다. 나는 16개월 동안 병상에 환자로 누워 지내다가 치유를 받았습니다.

누구든지 어디에 있든지 그들이 성경의 저자이신 그분, 즉 성령님을 안에 모시고 있다면 나는 그들에게 이렇게 도전합니다. 성령님은 여러분을 신유 가운데로 바로 인도하실 것입니다. 이 책의 저자는 바로 당신 안에 있는 성령님이시므로 그분은 성경에 있는 것을 당신에게 가르쳐 주실 것입니다.

성령님께서 말씀을 열어 보여 주면 나는 그 말씀대로 행했습니다. 나는 신유를 믿는 사람을 아무도 알고 있지 못했기 때문에, 내게는 나의 치유를 위해 기도해 줄 사람이 아무도 없었습니다. 하나님께 감사하는 것은 내가 나의 영에게 귀를 기울일 줄을 알았다는 것입니다.

내 속에는 나를 가르치는 이 음성이 있었습니다. 그 음성은 이렇게 말했습니다. "너는 네가 알고 있는 것은 바로 믿고 있지만, 마가복음 11장 24절의 마지막 구절만은 믿지 않는구나. '그리하면 너희에게 그대로 되리라' 이 말씀은 그 앞에 있는 말과 함께 이루어지는 말이다. '받은 줄로 믿으라'"

> 마가복음 11:24
> 그러므로 내가 너희에게 말하노니 무엇이든지 기도하고 구하는 것은 받은 줄로 믿으라 그리하면 너희에게 그대로 되리라

나는 이 말씀을 섬광처럼 순간적으로 깨달았습니다. 내가 지금까지 하려고 애쓴 것은 먼저 치유를 받겠다는 것이었습니다. 먼저 소유한 다음에 그 것을 믿으려는 것이었습니다. 성령님은 이렇게 말씀하셨습니다. "먼저 믿어라. 그리하면 믿은 것을 소유하게 될 것이다."

나는 당장 내 방에서 큰 소리로 말하기 시작했습니다. "나는 믿습니다. 나는 믿습니다. 나는 기형 심장병이 고침 받은 것을 믿습니다. 나는 이 전신 마비가 고침 받은 것을 믿습니다. 나는 이 불치의 혈액병이 고침 받은 것을 믿습니다."

이렇게 말하면서 병들을 고쳐 주신 것을 찬양하고 있는데 내 안에(in) 있는 기름부음이 이렇게 말했습니다. "일어나라. 건강한 사람은 상식적으로 아침 10시 반에는 일어나 있어야 한다."

나는 잠시 동안 이런 생각을 했습니다. "어떻게 일어나지?

나는 마비되어 있잖아." 그러나 내가 힘을 다해 노력하며 말씀을 믿고 행동으로 옮기자 하나님의 능력이 내 위에 내려와서 전류처럼 나를 통과했습니다!

나는 내 두 발로 똑바로 일어섰습니다. 나는 치유를 받은 것이었습니다. 그날 이후로 지금까지 나는 치유 받은 상태로 살아왔습니다. 나는 하나님께 영광을 돌리기 위해 이 말을 하고 있습니다. 나는 반세기 동안 하나님이 주신 건강을 누리고 있습니다. 마지막으로 머리가 아팠던 것이 1933년 8월이었습니다. 내가 의사들에게 반대한다고 오해하지는 말기 바랍니다. 나는 의사들을 주신 하나님께 감사를 드립니다. 의학은 나름대로 최선을 다해 사람들에게 도움을 주고 있습니다. 지난 반세기 동안 의사에게 갈 필요가 있었다면 나는 당연히 의사에게 갔을 것입니다. 그러나 나는 갈 필요가 없었습니다. 다른 사람들의 경우에는 의사에게 보내어 그들의 치료비도 내어주고 약 값을 지불하기도 했습니다. (의사들은 우리가 환자들에게 말씀이 충분히 들어가도록 만들어서 신유를 받을 때까지 사람들의 생명을 지킬 수 있습니다.)

나의 신유는 모든 것을 가르쳐 주시는 내 안에 있는 기름부음에 귀를 기울임으로써 일어났습니다. 나는 내 안의 기름부음에 귀를 기울이고 순종하여 병상에서 일어났습니다.

나는 거듭난 사람(당신은 성령으로 났기 때문에)에게는 누구든지 이렇게 도전합니다. 성령님은 당신이 성령세례를 받도록 인도할 것입니다. 그것은 내가 성령세례를 받을 수 있도록 인도하신 성령님과 동일한 영이며, 동일한 기름부음입니다.

치유를 받은 후에 나는 나처럼 믿는 사람들과 교제하려고 그런 사람들을 찾기 시작했습니다.

순복음교회 사람들 몇 명이 우리가 사는 도시에 왔습니다. 그들에 대해서는 모르는 것들이 너무나 많았고 또 동의하지 않는 것들도 있었지만, 나는 그들을 비판하지는 않았습니다. 나는 팔을 벌려 그들을 환영했습니다. 나는 내가 교제할 수 있도록 믿음과 신유를 믿는 사람들을 만나서 기뻤습니다. 우리에게는 교제가 필요합니다.

순복음교회 예배에 참석해 보면 곧 사람들이 성령세례에 대해서나 방언으로 기도하는 것에 관하여 설교하거나 간증하는 것을 보게 됩니다. 그럴 때마다 나는 그것이 옳은 것인지 틀린 것인지 몰랐기 때문에 귀를 막고 듣지 않았습니다. 나는 같은 믿음을 가지고 있고 신유를 믿는 사람들과 약간의 교제를 하기 위해서 어느 정도의 열광주의는 참아주기로 했습니다. 나는 그때 침례교 신학교에 막 입학하려고 하고 있을 때였습니다.

그렇습니다. 당신은 확실하게 구원도 받았고, 매 주일 사람들을 구원받도록 하고 치유를 받게 할 수도 있고, 기적이 일어나는 것을 볼 수 있으면서 동시에 말씀의 다른 것에는 귀를 막고 있을 수도 있습니다. 우리를 축복해주시길 원하시는 하나님께서는 할 수 있는 한 당신을 최대한 축복해 주실 것입니다. 하나님은 우리의 잘못을 지켜 보다가 벌을 주려고 하는 분이 아닙니다. 주님을 찬양합니다!

하나님은 하나님의 말씀을 확증하십니다. 우리가 구원에 대해 설교하면 사람들은 구원을 받을 것이며, 치유에 대해 설교하면 사람들은 치유를 받을 것입니다.

내가 물세례를 설교했더니 사람들이 물세례를 받았습니다. 기도에 대해 설교했더니 사람들은 기도했습니다. 바르게 살 것을 설교했더니 사람들은 바르게 살았습니다. 그러나 그들 중에서 한 사람도 성령세례를 받지는 못했습니다. 왜냐하면 내가 성령세례에 관하여 아무 말도 한 적이 없기 때문이었습니다.

'이런 분야에 있어서의 성령님'

1937년 4월 어느 날 나의 고향 도시의 길을 걸으면서 나는 주님께 이렇게 여쭈어 보았습니다. "그런데 주님, 이런 분야에 있어서, 성령님에 관한 견해 중 누가 맞습니까? 우리 교회에서는 거듭났으면 성령으로 태어난 것이라고 말합니다 [이 말은 진실이지만 반쪽짜리 진실은 진리가 아닌 것보다 더 큰 해를 끼칩니다]. 사람들은 이것이 전부라고 합니다. 바로 여기서 끝나 버립니다." 그리고 나는 이런 저런 박사들과 또 유명한 침례교 목사님의 말씀도 인용했습니다.

그리고 나는 이렇게 말했습니다. "그런데 이 오순절 교회 사람들은 사도행전 2장 4절을 따라서 성령세례를 받았다고 말합니다. 그러나 제가 정말 좋아하는 침례교 친구 한 두 명은 구원받은 후에 이어서 성령세례라고 부르는 어떤 체험이 있는데 이 체험은 높은 곳으로부터 받는 능력이지만 꼭 방언을 말할 필요는 없다고 내게 말합니다. 저는 그들의 의견 쪽으로 기울어져 있습니다. 이 문제에 관하여서는 누가 맞습니까?"

나는 성령세례는 받지 못했지만 내 안에는 성령님이 계셨는데, 그것은 내가 성령으로 태어났고 하나님의 자녀인 것을 성령님이 내 영과 더불어 증거하고 있기 때문이었습니다.

내가 "누가 맞습니까?"라고 묻는 바로 그 순간, 내 안에 있는 그 기름부음이 나를 가르쳐 주기 시작했습니다. 밖에서 우레와 같은 목소리가 들려온 것이 아니라 우리가 그 조용하고 작은 음성이라고 부르는 모든 믿는 자들이 가지고 있는 바로 그 음성이었습니다.

내 안에서 성령님은 아주 분명하게 말씀하셨습니다. 나는 늘 말씀을 읽었기 때문에 그분은 내가 말씀을 알고 있다는 것을 알고 계셨습니다.(처음 설교를 하기 전에도 나는 이미 신약성경을 150번이나 읽었었고, 부분적으로는 그보다 훨씬 더 많이 읽었습니다.)

그분이 말씀하셨습니다. "사도행전 2장 38절이 뭐라고 말하고 있느냐?"

나는 "오, 사도행전 2장 38절에는 '회개하여 각각 예수 그리스도의 이름으로 세례를 받고 죄 사함을 받으라 그리하면 성령의 선물을 받으리니' 라고 말씀하고 있습니다."

그 내부의 목소리가 말했습니다. "네가 방금 말한 마지막 문장이 무엇이었느냐?"

"'그리하면 성령의 선물을 받으리니' 입니다"라고 나는 말했습니다.

"그러면 그 다음 구절은 뭐라고 말하고 있느냐?"

나는 대답했습니다. "사도행전 2장 39절은 이렇게 말씀하고 있습니다. '이 약속은 너희와 너희 자녀와 모든 먼 데 사람 곧 주 우리 하나님이 얼마든지 부르시는 자들에게 하신 것이라'"

"그 약속이 무엇이냐?" 그 내부의 목소리가 물었습니다.

내가 머뭇거리고 있자 그 내부의 목소리가 말했습니다. "38절의 끝 부분을 말해 보아라."

나는 말했습니다. "'그리하면 성령의 선물을 받으리니' 맞습니다. 주님, 저는 이 말씀을 믿습니다. 저는 이미 성령님을 믿습니다. 제가 알지 못하고 믿지 못하는 것은 방언에 관한 부분입니다." 나는 계속 말했습니다.

그 내부의 목소리가 말했습니다. "사도행전 2장 4절은 뭐라고 말하고 있느냐?"

나는 막힘없이 유창하게 말했습니다. "사도행전 2장 4절은 '그들이 다 성령의 충만함을 받고…' 아! 이제 알겠다. 알겠습니다! 이제 알겠어요! '성령이 말하게 하심을 따라 다른 언어들로 말하기를 시작하니라'"

나를 거듭나게 하시고 병상에서 나와 친해졌던 바로 그 영이 내게 신유와 성령세례에 관하여 가르쳐 주셨습니다. 그 기름부음이 내 안에 거하고 계시기 때문에 똑 같은 그 영이 나를 인도하셨습니다.

성령세례를 받는다는 것은 바로 그 영을 받는다는 것입니다. 이것은 보다 깊은 차원입니다. 이것은 하나님께서 우리를 위해 가지고 계신 그 충만함으로 들어가는 것입니다.

내 고향 도시의 길을 걸으면서 나는 즉시 이렇게 말했습니다. "저는 순복음교회 목사님 댁으로 가서 지금 당장 성령을 받겠습니다."(이런 일은 침례교단의 어린 목사로서는 매우 잘한 것이었습니다.)

그 당시에는 성령 충만을 받기 위해서 오랫동안 기다리는 예배를 드리는 것이 순복음교회 사람들 사이에서는 하나의 관례였습니다. 하나님을 섬기며 기다리는 것은 물론 좋은 일이지만 성령 충만함을 받기 위해서 오랫동안 기다릴 필요는 없다고 생각합니다. 먼저 성령 충만함을 받고 그 후에 하나님을 기다리십시오. 나는 이것이 우리가 잘못 알았던 부분이라고 생각합니다. 우리는 기다리는 집회를 가져야 합니다.

내가 그 목사님께 "성령을 받고 싶어서 왔습니다"라고 말했을 때 그 목사님이 제일 먼저 하신 말은 "기다리세요"였습니다.

나는 "제가 성령을 받는 데 얼마 안 걸릴 것입니다"라고 말했습니다. 여러분이 내 얘기를 들은 적이 있다면 내가 방언을 말하기까지는 8분도 채 걸리지 않았다는 것을 알고 있을 것입니다.

나는 이렇게 기도했습니다. "주님, 저는 성령을 충만하게 받기 위해서 여기 왔습니다. 나는 새로운 탄생으로 말미암아 내 안에 성령님이 계심을 알고 있습니다."

나는 주님께 사도행전 2장 38절 말씀을 인용해서 말씀드렸습니다. 그리고 나는 말했습니다. "주님, 저는 믿음으로 구원받았습니다. 즉 새롭게 탄생했습니다. 나는 믿음으로 치유도 받았습니다. 지금 나는 이 체험도 믿음으로 받습니다. 나는 성령으로 충만 받았음을 믿음으로 선언하고 싶습니다. 하나님께 영광을 돌립니다. 나는 성령을 받았습니다. 이제 나는 방언을 말할 것을 기대합니다. 할렐루야!"

우리 교회에서는 "할렐루야"라고 말하지 않았지만 나는 할렐루야를 대여섯 번이나 했습니다. 나는 마치 누군가가 내 안에 모닥불을 지핀 것 같은 것을 느꼈습니다. 그 모닥불이 불붙기 시작하더니 마침내 활활 타올랐습니다. 이상한 말들이 나오는 것을 나는 "볼 수 있는 것" 같았으며 내가 입 밖으로 이 말을 말하면 어떤 소리가 날지를 아는 것 같았습니다. 나는 그 것을 입으로 말했습니다.

나는 약 한 시간 반 가량을 방언으로 말했고 방언으로 찬양도 세 곡이나 불렀습니다. 하나님께 영광을 돌립니다.

하나님의 능력으로 나의 기형 심장을 낫게 했고 거의 전신 마비로부터 나를 고치셨던 그 기름부음, 동일한 그 영, 동일한 그 목소리가 나를 이러한 체험으로 인도하셨습니다. 당신도 그분께 귀를 기울이면 그분이 당신도 가르쳐 주실 것입니다.

믿는 자는 누구나 다 이 기름부음을 소유하고 있습니다.

내가 성령 충만 받은 신자는 누구나라고 하지 않은 것에 주의하십시오. 모든 믿는 자는 누구나 그 안에 기름부음을 가지고 있습니다.

제 4 장

기름부음 없이 행하는 치유 사역
(Ministering Healing Without an Anointing)

성경은 "성령세례를 받은 자들에게는 이런 표적이 따르리니"라고 말하지 않고 "믿는 자들에게는 이런 표적이 따르리니…병든 사람에게 손을 얹은 즉 나으리라"라고 말하고 있습니다(막 16:17, 18).

나는 이 말씀을 우리 침례교회 회중들에게 말하곤 했습니다. 강단에서 설교도 했지만 공개적으로 사람들에게 안수를 하지는 않았습니다. 성도들의 집으로 심방을 갔을 때는 이 말씀을 읽어 주곤 하였습니다.

"보십시오. 바로 여기 말씀하고 있습니다. 우리는 믿습니다. 그렇지 않습니까? 당신은 예수님을 믿지 않습니까?"

"예, 저는 예수님을 믿습니다. 맞습니다"라고 사람들은 말합니다.

"내가 안수하면 하나님께서 당신을 낫게 하실 것입니다"라고 나는 그들에게 말하곤 했습니다.

내가 오순절 계통으로 들어온 후에는 그 목사님들과 이야기를 통해 나는 이런 사실을 깨닫게 되었습니다. 즉 나는 아직 성령세례도 받지 않은 침례교의 소년 목사였었는데도 불구하고, 오순절 계통의 목사님들 다섯 명이 교인들을 치유하는 것보다 내가 사람들을 치유하는 확률이 더 높다는 것을 알았습니다. 어떤 목사님들은 거의 아무도 치유하지 못했다고 말했습니다. 내게 있어서 치유는 보통 일어나는 일이었습니다. 내가 다른 사람들과 달랐던 것은 단지 믿음과 기도를 가르쳤다는 것이었습니다. 나는 아무 기름부음도 가지고 있지 않았습니다. 나는 아무 것도 느끼지 못했으며 내게서 나와서 사람들에게 흘러 들어가는 것도 없었습니다.

초기의 치유 경험 중 하나는 내가 목사로서 섬기던 작은 시골교회의 피아노 반주자의 병을 치유한 것이었습니다. 어느 주일날 그녀가 교회에 나오지 않았기에 내가 그녀에 대해 물어보았더니 그녀는 병원에 입원해 있고 다음날 아침에 수술을 받도록 되어 있다는 말을 들었습니다. 이튿날 아침 나는 매우 일찍 일어나서 그녀에게 주사를 놓아서 내가 그녀와 대화를 나눌 수 없게 되기 전에 그 곳에 갔습니다. 내가 병원에 도착하니 아직 해도 뜨기 전이었습니다.

나는 그녀에게 성경을 읽어 주었습니다. "내가 당신을 위해 기도하겠습니다. 여기 성경이 말하고 있는 것이 있습니다"라고 나는 말했습니다. 나는 작은 올리브기름을 담은 병을 가지고 있었는데 나는 그녀에게 이렇게 말했습니다. "내가 당신에게 기름을 바르겠습니다." 그리고 나는 이렇게 말했습니다. "여기 '믿는 자들에게는 이런 표적이 따르리니 그들은 손을 얹을 것이다' 라고 말했습니다. 이제 내가 당신에게 손을 얹겠습니다."

비록 이전에도 사람들이 치유 받는 것을 보아왔지만, 나는 그렇게 빨리 치유되리라고는 기대하지 않았었습니다. 내가 그녀를 위해 기도하기 시작하자 그녀는 "휴우! 나는 치유 받았습니다!"하고 소리를 지르더니 바로 침대에서 펄쩍 뛰어나왔습니다. 그녀는 수술을 받지 않았습니다.

자! 침례교 목사에게 치유의 역사가 나타난다면 이와 같은 역사는 누구에게나 나타날 것입니다! 더구나 나는 그때만 하더라도 성령세례를 받지 못했었습니다.

아픈 사람들을 위해 기도하는 특별한 기름부음을 받지 못했을 때인데도 나는 침례교 목사로서 그 피아노 반주자와 같이 병 고침을 받는 것을 보았지만 나 자신은 아무런 느낌도 없었습니다. 침례교인이었기 때문에 나는 내가 무엇인가를 느껴야 한다는 것을 몰랐던 것입니다. 그럼에도 불구하고 하나님께서는 자신의 말씀을 존중하십니다.

내가 순복음 사역으로 바꾼 뒤에도 나는 어떤 "새로운" 성령이나 다른 성령을 받게 된 것은 아니었습니다. 성령은 두 쌍둥이도 아니고 세쌍둥이도 아닙니다. 오직 한 분 성령님이 계시지만 기름부음은 다양할 수 있습니다. 실제로 성령님께서는 하나님의 모든 역사를 행하십니다.

남침례교에 있는 나의 동료 목사들과 성경 교사들은 내가 순복음 교회 사람들에게로 가는 것에 대해 내게 경고했습니다. 유명한 침례교 신학대학원을 졸업한 저명한 성경 교수 한 분도 내게 이렇게 말했습니다. "케네스, 그 순복음교회 사람들을 조심하십시오."

"왜요?" 내가 질문했습니다.

"방언을 말하는 것은 마귀로부터 온 것입니다"라고 그는 말했습니다. 나는 그 말이 맞는지 틀리는지를 알 수가 없었습니다. 나는 단지 오순절 사람들이 신유를 믿고 있다는 것이 옳다고 생각하여 그들과 교제를 계속하고 있었던 것입니다. 신유를 믿는 사람들과 함께 교제하면서 나는 믿음이 더욱 강해졌습니다. 성령 충만을 받고 방언을 말하게 된 후 나는 그 성경 교수를 만나러 달리다시피 찾아 갔습니다.

그가 이 주제에 대해 말하지 않으면 내가 직접 이야기를 꺼내려고 마음먹었습니다. 그는 내게 다시 이렇게 경고했습니다. "이제 순복음 사람들을 조심해야 합니다." "왜 조심해야 합니까?"

순복음 사람들을 비난하기 전에 그는 이렇게 말했습니다. "예, 나도 그들이 우리보다 더 나은 삶을 살고 있다는 것은 인정합니다. 게다가 그들의 믿음은 여러 면에서 매우 근본주의적이기도 하구요. 그러나 그 방언을 말하는 것은 마귀가 하는 것입니다!"

"그래요?" 내가 물었습니다.

"예, 그렇다니까요." 그가 대답했습니다.

내가 물었습니다. "그러면 그들에게 방언을 말하도록 한 그 영이 마귀의 영이란 말입니까?"

"그렇습니다."

나는 이렇게 말했습니다. "그렇다면, 남침례교회 운동도 모두 마귀가 하는 짓이란 말이군요."

그는 거의 숨이 막히는 듯했습니다. 결국 호흡을 겨우 되찾더니 이렇게 말을 더듬었습니다. "뭐라고? 지금 뭐라고 말했습니까?"

내가 말했습니다. "글쎄요. 내가 침례교회에서 거듭났을 때 나를 거듭나게 했던 그 성령님께서 내게 방언의 말을 주셔서 나는 방언을 말했습니다. 분명히 같은 성령이었습니다. 같은 성령님이었다니까요."

"오, 아닙니다. 아닙니다. 아닙니다. 아닙니다. 아니라니까요. 그런 말하지 마십시오."

"뭐라고요?"

"오, 그럴 리가 없습니다."

"어떻게 알지요?"

"나는 그냥 안다니까요."

내가 다시 물었습니다. "방언을 한 적이 있나요?"

"없습니다."

내가 말했습니다. "그렇다면 어리석게 굴지 마십시오. 선생님은 성경 교사입니다. 잠언에 보면 어리석은 자는 남의 말을 듣기도 전에 대답을 먼저 한다고 했습니다. 어리석은 자가 되지 마십시오. 선생님은 방언을 해 본 적도 없습니다. 선생님은 이 주제에 대해서 말할 자격도 없습니다. 그렇지만 선생님은 자신이 새롭게 탄생할 때 받은 성령님을 알고 있지요. 그렇지 않습니까?"

"네, 알고 있습니다."

"그 영이 바로 제가 거듭났을 때에 침례교도들과 함께 체험했던 같은 영이십니다. 똑같은 성령이었습니다. 내가 늘 모시고 있었던 같은 성령님이었습니다. 나는 다른 영을 또 받은 것이 아닙니다. 그 성령님이 내게 방언을 말하게 해주는 분이십니다."

"오, 그럴 수가 없습니다. 내, 내, 내, 내가 좀 더 연구해본 다음에 다시 만납시다."

벌써 거의 46년이 지났지만 그는 아직도 나를 찾아오지 않았습니다.

요컨대, 당신 안의 기름부음이 당신을 가르쳐 주신다는 것입니다. 하나님께 감사합시다. 기름부음이 가르쳐 주실 것입니다.

제 2 부

사역의 은사를 위한 기름부음
(Anointing on Ministry Gifts)

제 5 장
오중 사역의 은사
(The Fivefold Ministry Gifts)

하나님의 말씀은 기름부음이 있으나 없으나 역사하십니다. 그러나 하나님께서 부르셔서 사역을 위해 구별한 사람들 위에 내리시는 기름부음도 있습니다. 같은 성령님이지만 어떤 직분을 감당하도록 주시는 기름부음은 모든 믿는 자들 안에 거하는 기름부음과는 다릅니다. 기름부음이 있으면 당신은 가르치고, 설교하고, 더 많은 일을 더 잘 할 수 있습니다.

구약 시대에는 선지자와 제사장과 왕만 기름부음을 받았습니다.

제 1부에서 우리는 예수님께서는 신약성경에 열거된 오중 사역 직분을 모두 행하셨음을 보았습니다. (1) 사도, (2) 선지자, (3) 전도자, (4) 목회자, (5) 교사입니다.

하나님의 말씀은 돕는 사역 같은 다른 사역도 있음을 가르쳐 주고 있지만 오중 사역의 은사들이 주된 중심적인 은사들인 것 같습니다.

고린도전서 12장과 로마서 12장은 다른 사역의 은사들을 기록하고 있습니다. 만일 당신도 오중 사역에 부름을 받는다면 이런 직분을 감당할 수 있도록 기름부음이 당신 위에 임할 것입니다.

> 고린도전서 12:28
> 하나님이 교회 중에 몇을 세우셨으니 첫째는 사도요, 둘째는 선지자요, 셋째는 교사요, 그 다음은 능력이요, 그 다음은 병 고치는 은사와 서로 돕는 것과 다스리는 것과 각종 방언을 하는 것이라

> 로마서 12:6-8
> 6 우리에게 주신 은혜대로 받은 은사가 각각 다르니 혹 예언이면 믿음의 분수대로,
> 7 혹 심기는 일이면 섬기는 일로,
> 8 혹 권위하는 자면 권위하는 일로, 구제하는 자는 성실함으로, 다스리는 자는 부지런함으로, 긍휼을 베푸는 자는 즐거움으로 할 것이니라

당신은 한 가지 이상의 직분을 감당할 수도 있지만, 지금 자신의 위치가 어디이며 자신의 직분이 무엇인지 찾아서 그 직분을 따라야 합니다. 그러면 하나님께서 당신을 쓰실 것이고 당신은 그 부르심 안에서 탁월하게 될 것입니다.

하나님께서는 우리가 모두 같은 일을 하도록 부르지 않으셨습니다. 때때로 우리 목사들은 무엇이든지 다 잘 하는 목사가 되려고 하다가 결국은 아무것도 제대로 하지 못하는

목사가 되어 버립니다. 우리는 너무나 많은 일을 하려고 해서 스스로를 너무 얇게 펼쳐 놓아서 그 일을 할 수 있는 기름부음은 거기 없게 됩니다.

그래서 사람들은 문제에 빠지게 됩니다. 그들은 하나님께서 부르지 않은 직분을 감당하려고 애를 씁니다. 그들은 다른 사람이 하고 있다는 그 이유만으로 자기도 그 일을 하려고 합니다. 그런데 이것은 매우 위험합니다.

나는 하워드 카터(Howard carter) 목사님이 한 말을 기억하고 있습니다. 그분은 훌륭한 교사였으며, 위대한 하나님의 사람이었습니다. 개인적으로는 전혀 몰랐지만 나는 그가 텍사스에서 설교를 할 때 한 번 들을 기회가 있었습니다. 예배가 끝난 뒤에 나는 그를 만났습니다. 당시 그는 70살이었는데 훗날 80이 넘도록 살다가 돌아가셨습니다.

목사님과의 대화중에 한 여인이 그에게로 와서 물었습니다. "카터 목사님, 제 아이가 낫도록 기도해 주시겠습니까?" 그는 이렇게 대답했습니다. "제 아내에게 가서 아이를 위해 안수해 달라고 하십시오. 치유하는 데는 하나님께서 저를 많이 쓰지 않으십니다. 내 아내가 안수하면 거의 모든 사람이 치유 받습니다만 내가 안수하면 거의 모든 사람이 성령 세례를 받습니다."(참 좋은 짝이지요!)

그 날 밤 그는 19명을 옆방으로 데리고 들어가서 몇 마디 말을 한 후 그들에게 안수하였고 그가 손을 대자마자 19명 모두가 방언으로 말하기 시작했습니다.

그는 이렇게 말했습니다. "이것이 나의 사역입니다. 이 사역에 나의 기름부음이 있습니다. 내 아내의 기름부음은 아픈 사람에게 손을 얹는 것입니다."

그 여자가 카터 부인을 만나러 나갔을 때 카터 목사님은 우리 목사들이 있는 쪽으로 돌아보며 이렇게 말했습니다. "물론 저도 그 아이를 위해 믿음으로 기도할 수도 있습니다만 어떤 사람이 그 쪽으로 기름부음을 받았다면 그 사람이 하는 것이 훨씬 더 낫습니다."

맞습니다. 그는 믿음의 기도를 할 수도 있었습니다. 그날 밤 거기 서 있던 우리 목사들 중 누구든지 믿음의 기도를 하고 그 아이에게 안수할 수도 있었습니다. 손을 얹는 것은 마가복음 16장 17-18절에 따르면 모든 믿는 자들에게 속한 것입니다.

그러면 카터 형제가 인정한 것은 무엇이었습니까? 사역에 있어서 우리 가운데 어떤 사람들은 이런 일을 하도록 기름부음을 받았고, 어떤 사람들은 또 다른 일을 하도록 기름부음을 받았다는 것을 그는 잘 알고 있었던 것입니다. 우리가 기름부음이 있는 곳에서 탁월하게 사역한다면 우리는 그리스도의 몸에 더 큰 축복이 될 것입니다.

혼자 모든 것을 할 수 있는 사람은 아무도 없습니다. 우리는 서로가 필요합니다. 나는 하나님께 부르심을 받고 성령으로 기름부음을 받은 모든 사역으로 인하여 하나님을 찬양합니다.

복음 전하는 자와 권면하는 자의 직분

실제로 치유 사역 즉 병 고치는 은사(고전 12:28)는 복음 전하는 자의 직분과 함께 가는 것입니다.

하나님의 말씀은 권면하는 자의 직분에 대해서도 말씀하고 있습니다(롬 12:8). 우리는 권면하는 일을 다른 직분의 한 부분으로만 생각하지만, 권면하는 자라는 구체적인 직분이 있습니다.

우리가 "복음 전하는 자"라고 부르는 사람들은 가끔은 권면하는 자입니다(그들이 이 말을 들으면 기분이 상하리라는 것을 나도 알고 있습니다).

그렇지만 "복음 전하는 자"라는 말은 신약성경에 단지 세 번만 사용되었습니다. 즉 (1) 사도행전 21장 8절에는 "전도자 빌립"에 대해 말하고 있고, (2) 에베소서 4장 11절에는 은사로서 "복음 전하는 자"가 열거되어 있으며, (3) 디모데후서 4장 5절에서 바울은 디모데에게 "전도자의 일"을 하라고 말했습니다.

그렇다면 예수님 외에는 빌립만이 우리가 가진 복음 전하는 자의 유일한 모델입니다.

교회의 초기 시절을 보면 빌립이 사마리아에 내려가 큰 기적을 일으키는 설교를 한 것을 알 수 있습니다. 제 8장에서 공부하겠지만 그 당시에 빌립은 아직 집사에 불과했습니다.

사도행전 8:5-7
5 빌립이 사마리아 성에 내려가 그리스도를 백성에게 전파하니
6 무리가 빌림의 말도 듣고 행하는 표적도 보고 일심으로 그의 말하는 것을 좇더라
7 많은 사람에게 붙었던 더러운 귀신들이 크게 소리를 지르며 나가고 또 많은 중풍병자와 앉은뱅이가 나으니

  빌립이 성령으로 기름부음을 받았음은 의심할 여지도 없습니다. 성경은 많은 중풍병자가 치유를 받았다고 말하고 있습니다. 많은 앉은뱅이도 치유 받았습니다. 그 밖의 다른 사람들이 치유된 것에 대해서는 아무런 언급도 하지 않았지만 위에 언급한 치유만으로도 예수님께로 사람들의 주의를 끄는 데는 충분했습니다. 사람들은 구원을 받았으며 "그 성에 큰 기쁨이 있었습니다."(행 8:8)

  모든 사람이 다 치유 받은 것은 아니라는 것을 주의 하십시오. 7절은 "많은 사람들이 나았다"라고 말씀하고 있습니다. 만일 "모든" 사람이 "모든 종류의 질병"의 고침을 받았었다면 성경은 그렇게 말씀했을 것입니다.

  성경은 예수님의 사역에 관하여 이렇게 말하고 있습니다. "예수께서 온 갈릴리에 두루 다니사…백성 중의 모든 병과 모든 약한 것을 고치시니"(마 4:23)

  예수님이 어떻게 사역을 하셨는지 찾아보는 것은 아주 재미있습니다. 시간이 있으면 자세히 찾아 볼 수 있을 것입니다. 예수님께서는 그 모든 다섯 가지 중요한 직분을 기름부

음 아래서 사역하셨습니다. 우리가 살펴 본 바와 마찬가지로 예수님은 "한량없이" 성령을 가지셨기 때문에 그분의 사역에서는 모든 아픈 것과 모든 질병들이 치유를 받았습니다.

사도행전 10장 38절에 이렇게 말씀한 것을 기억하십시오. "하나님이 나사렛 예수에게 성령과 능력을 기름 붓듯 하셨으매 그가 두루 다니시며 선한 일을 행하시고 마귀에게 눌린 모든 사람을 고치셨으니 이는 하나님이 함께 하셨음이라"

말씀을 가르치는 교사는 누구나 하나님의 말씀을 가르칠 수 있고, 말씀을 설교하는 목사는 누구나 하나님의 말씀을 설교할 수 있으며, 사람들은 그 말씀을 믿고, 구원을 받을 수 있고, 기름부음을 전이 받지 않아도 치유를 받을 것입니다.(물론 교사와 설교자에게 기름을 부으시는 분은 성령님이십니다.)

그러나 기름부음 아래서 사역을 하는 것은 다른 문제입니다. 하나님은 사람들을 각각 다르게 쓰십니다. 빌립의 사역 아래서 "더러운 귀신들이 나가고…또 많은 중풍병자와 못 걷는 사람이 나으니"라고 한 것을 주의해 보십시오.

왜 그럴까요? 빌립은 오직 이런 분야의 병을 고치는 데 은사를 받았기 때문입니다.

우리 레마 성경 훈련소의 학생들은 모두 보스워쓰(F. F. Bosworth)의 고전적인 책인 "치유자 그리스도(Christ the Healer)"란 책을 읽습니다. 나는 보스워쓰 목사님을 알고 있었습니다. 나는 개인적으로 그와 대화를 나누기도 했습니다.

내가 그분과 마지막으로 대화를 나누었을 때 그는 77살이었는데, 당신도 그를 보았더라면 한 55살 정도로 밖에 보지 않았을 것입니다.

나는 그분이 어떤 다른 목사님의 집회에서 설교하는 것을 들었습니다. 보스워쓰 목사님이 낮 시간에 말씀을 가르치고, 그 다른 목사님은 저녁 예배 때 설교를 했습니다. 보스워쓰 목사님이 이렇게 말했습니다. "귀가 안 들리거나 귀에 문제가 있는 사람, 수술을 받아서 고막을 제거한 사람이라도 이리 올라오십시오. 내가 손을 얹을 텐데 여러분은 낫게 될 것입니다." 보스워쓰 목사님이 기도해 준 사람은 한 사람도 빠짐없이 다 나았습니다.

보스워쓰는 이렇게 말했습니다. "나는 이유를 말 해줄 수 없습니다. 나도 이유를 모릅니다. 그러나 하나님께서는 이런 방면으로 나를 쓰신답니다. 나는 귀머거리거나 청각 장애가 있는 사람들이나 수술을 받아서 고막이 없는 사람들에게 하나님께서 새로운 고막을 만들어 주시는 일에는 실패한 적이 없었습니다." 보스워쓰는 이 분야에 성령님으로부터 능력을 받았습니다.

보스워쓰가 자신도 이해하지 못한다고 말했을 때 나는 이런 생각을 하기 시작했습니다. 만일 내가 알지 못하는 무엇인가가 있다면, 나는 그 답을 찾을 때까지 밤낮으로 앉아서 온 밤을 지새울 것입니다. 나는 이런 본성을 가지고 있었습니다.

대 신유 부흥 기간 중 열렸던 "치유의 목소리(Voice of Healing)" 컨벤션에 모이면 우리 목사들은 서로 노트를 비교해 보곤 했었습니다. 한 목사는 "벙어리와 귀머거리"를 잘 고쳤습니다. 또 다른 목사는 이렇게 말했습니다. "나는 벙어리와 귀머거리가 나았던 것은 기억나지 않아도 내가 손을 얹은 장님들은 거의 모두 눈을 떴습니다." 벙어리와 귀머거리를 치유했던 첫 번째 목사는 그의 사역에서는 장님을 고친 기억이 없다고 말했습니다.

이러한 이야기를 비교해 보고서, 나는 나머지 목사님들을 모두 합한 것보다 더 많은 (대개 종양 형태의) 암 환자들이 나았다는 것을 발견했습니다. 그 시절에 나는 악성종양이나 몸에서 자라나는 종양을 고치는 데는 실패한 적이 거의 없었습니다. 이 분야가 바로 내가 은사를 받은 분야였습니다.

당신이 기름부음 받은 곳에서 사역을 하십시오. 자신의 은사는 어디에 있는지 발견하십시오.

제 6 장

설교를 위한 기름부음
(The Anointing To Preach)

"나는 목사가 될래요"라고 내가 발표했을 때 나의 할머니께서 얼마나 충격을 받았는지 나는 기억하고 있습니다.

할머니는 이렇게 말씀하셨습니다. "어떻게 목사가 되려고 하니. 너는 설교를 할 수가 없고, 말도 잘 못하잖니!"

맞는 말이었습니다. 나는 심장이 제대로 뛰지 않아서 힘을 쓰면 까무러치곤 했습니다. 그래서 나는 어린 시절부터 가만히 앉아서 입을 다물고 있는 법을 배웠습니다.

사실 내가 침대에 누워서 꼼짝 못하게 되기 바로 전 해에 드레이크 할아버지께서 어느 날 저녁 식사 때 식탁에서 이렇게 말씀하셨습니다. "나는 오늘 네 선생님, 베시 매 해밀튼(Bessie Mae Hamilton)을 만났단다. 내가 '우리 케네스는 학교에서 어떻게 지내고 있나요?' 라고 물어보았다. 그랬더니 해밀튼 선생님은 '오, 드레이크 씨, 케네스는 이전하고 똑 같아요. 그 애가 무슨 말을 할 때까지 기다려 보세요. 그는 아무 말도 하지 않을 겁니다. 사실 케네스가 수업에 참석하지 않아도 아무도 알아차리지 못할 겁니다' 라고 말씀하시더구나."

그 말을 듣는 순간 나는 한 생각이 떠올랐습니다. 나는 그렇게 해 보기로 했습니다. 그날 오후에는 배시 매와 다른 한 선생님의 수업 두 시간 밖에 없었습니다. 그래서 한 주에 두세 번은 수업에 빠지고 구경을 하러 가곤 하였습니다.

아시겠지만 아무도 나를 찾지 않았고 결석으로 치는 일도 한 번도 없었습니다. 물론 구원을 받고 치유를 받고 나서는 그렇게 하지 않았습니다. 병 고침을 받은 후 고등학교에 다시 들어가서는 단 하루도 결석한 적이 없었습니다. 이렇게 해서 나는 조용한 사람이 되었습니다.

나는 구원받고 병 고침 받은 후에 젊은 침례교 설교자로서 설교를 하기 시작했습니다. 나는 내가 설교를 하도록 부르심을 받았으며 설교하는 기름부음이 내 위에 임하곤 한다는 것을 알았습니다. 내게 가르치는 기름부음은 없었습니다. 나는 가르치는 것을 좋아하지 않았습니다.

나는 기도하고 공부하고 설교의 초안을 준비하곤 했는데 지금까지도 나는 그것들을 거의 다 가지고 있습니다. 그 중의 어떤 것은 더 이상 설교하지 않지만 그 설교들은 내가 가지고 있던 모든 빛을 나타내는 것이었습니다.(당신도 당신이 가진 빛 가운데 걸어가고 있으면 하나님께서 우리에게 축복을 주실 것입니다.)

첫 설교를 했을 때 나는 45분간 설교를 했습니다. 어떤 초보 목사들은 10분에서 15분간 설교를 했습니다. 나는 45분 동안을 설교했습니다. 그 후부터 계속 그렇게 하고 있습니다!

수년 동안 나는 설교를 했습니다. 오, 나는 정말 잘 했습니다! 나는 설교하는 기계였습니다. 나는 설교하는 기름부음을 좋아했습니다. 이 기름부음이 임하면 나는 너무나 힘차고 빠르게 말을 해서 회중들은 "천천히 하세요! 천천히 하세요! 목사님 설교가 너무 빨라서 반도 못 알아듣겠습니다"라고 말하곤 했습니다.

그 당시에 나는 아직 성령세례를 받지 못했었습니다. 그러나 내 안에는 성령님이 계셨으며, 기름부음이 내 위에 내려오고는 했습니다. 왜냐하면 나는 설교자의 직분으로 부르심을 받았기 때문입니다.(구약성경에서도 기름부음은 어떤 직분을 감당하도록 사람들의 위에 내려 왔습니다.)

영광의 구름이 나타나다

젊은 침례교 목사인 내게 설교하는 기름부음이 내 위에 내려왔을 때 일어났던 어떤 현상을 나는 말할 수 있습니다.

어느 주일 밤에 나는 야고보서 4장 14절로부터 전도 집회같이 설교를 하고 있었습니다. 야고보가 이렇게 말하는 말씀이었습니다. "너희 생명이 무엇이냐 너희는 잠깐 보이다가 없어지는 안개니라" 내가 성령의 기름부음을 받아서 약 15분쯤 설교를 하고 있는데 하나님의 능력이 그 교회 예배

당 안으로 들어와서 마치 구름처럼 예배당을 가득 채웠습니다. 나는 교인들을 한 사람도 볼 수 없었으며 나는 구름 속에 있었습니다. 나는 내 목소리가 울리는 것은 들을 수 있었으나 내가 하고 있는 말의 내용은 한 마디도 알 수 없었습니다. 약 17분 동안(그때 시계를 보았습니다) 나는 한 마디도 알아들을 수 없었습니다.

마침내 나는 앞에서부터 세 줄까지 앉아 있는 사람들을 볼 수 있었습니다. 그 때 기름부음이 사라지기 시작했습니다. 전 회중으로부터 구름이 떠올라 사라지는 것 같았습니다. 나는 그 일에 대해서 아무 말도 하지 않았습니다. 나는 보통 때와 마찬가지로 예배를 마무리 했습니다.

며칠 후에 나는 그 때 그 자리에 있었던 매우 영적인 노신사에게 이렇게 물어 보았습니다. "지난 주일 밤 예배가 보통 때와 무슨 다른 점이 있었습니까?"

"글쎄요, 왜 그러시지요?"라고 그는 대답했습니다.

"다른 점이 있었으면 말씀 해주십시오. 그러면 내가 왜 묻는지 말씀드리지요."

그가 말했습니다. "글쎄요. 한 가지가 다른 점이 있다면 이 동네 사람들이 모두 그날 저녁 예배에 대해서 말하고 있다는 것입니다. 목사님의 얼굴은 빛이 나는 것처럼 보였습니다. 목사님 같지 않고 마치 천사의 얼굴 같이 보였습니다."

그때 나는 그에게 그 때의 일에 관하여 말했습니다. 예배의 마지막 17분 동안은 내가 무슨 말을 했었는지 한 마디도 알 수가 없었으며, 기름부음이 내 위에 그렇게 임하셨다는 것을 말했습니다. 그 기름부음과 그 영광의 구름은 성령님의 역사였습니다.

기름부음은 증가합니다

성령세례를 받은 후 나는 하나님의 권능의 더 깊은 차원으로 들어갔으며 설교의 기름부음은 더욱 증가했습니다.

기름부음의 증가는 성경적 근거가 있습니다. 엘리사는 엘리야가 받은 기름부음의 갑절을 원했습니다. 엘리야는 선지자의 직분을 감당하도록 성령의 기름부음을 받았는데, 엘리사는 그가 받은 기름부음을 갑절로 받았습니다. 다른 말로 하면 같은 선지자의 직분을 감당하는 더 큰 기름부음을 받았습니다.

성령세례를 받고 방언을 말하게 된 후에도 나는 그 사실을 교회에 알리지 않았습니다. 나는 모든 것을 가르쳐 주시는 내 안에 있는 기름부음을 따랐습니다.

가끔 내 안에서 "교회에서는 그 일에 관해 아무 말도 하지 말아라"라고 말했습니다. 그래서 나는 그 일에 대해서 전혀 언급하지 않았습니다. 나는 내가 섬기던 작은 시골 교회에서 잠자코 사역만 하고 있었습니다.

30일 쯤 지나자 사람들은 "무슨 일이 있었나요?" 하고 묻기 시작했습니다.

"무슨 일이라니요, 무슨 뜻이지요?"

"글쎄요, 목사님이 달라지셨습니다." 사람들이 말했습니다.

"제가 달라지다니 무슨 뜻이지요? 좋아졌다는 말입니까, 나빠졌다는 말입니까?"

"좋아 지셨습니다." 그들은 말했습니다.

"글쎄요, 무엇이 좋아졌다는 말이지요? 무슨 뜻입니까?"라고 나는 말했습니다.

"목사님은 이전에는 없었던 능력을 가지고 있습니다. 설교하실 때 보면 전에는 없었던 능력이 목사님께 있습니다."

전에도 나는 설교를 위한 기름부음을 받았었지만 지금은 그 기름부음이 더 증가되었습니다.

사람들은 이렇게 말했습니다. "이제는 목사님이 설교하시면 우리는 의자에 쓰러질 지경입니다."

이 말은 내가 엄격한 설교자라는 것이 아니라, 설교에 능력이 있다는 말이었습니다.

교인 중에 장로교인이 한 사람 있었습니다. 우리 교회는 그 지역 공동체 교회였는데 지역에는 우리 교회밖에 없었습니다. 사람들의 85퍼센트는 침례교도였습니다. 이 장로교 신사는 그 당시에도 부자였습니다. 그는 넓은 땅을 소유하고 있었습니다. 자녀들도 모두 자라 결혼을 했었습니다. 그 신사 부부는 유럽으로 여행을 떠나기 직전에 그 지역의 어떤 부부가 성령세례를 받았다는 말을 듣고서 이렇게 선언했습니다.

"만일 그 방언 말하는 것이 이 교회 안에 들어오면 나는 내 친척들을 모두 이 교회에서 데리고 나갈 것입니다." 그의 친척들은 모두 일곱 가정이나 되었습니다.

그가 유럽에 가 있는 동안 나는 성령세례를 받았습니다. 여행에서 돌아오자 그는 나이 든 감리교도인 다른 교인에게 이렇게 물었습니다. "내가 없는 동안에 우리 작은 목사님에게 무슨 일이 있었습니까?"

이 감리교 신사는 영적인 거인이었습니다. 그는 이렇게 대답했노라고 내게 말했습니다. "오, 목사님께 무슨 일이 있었냐고요?"

"네, 분명히 무슨 일이 일어났습니다." 그 장로교인이 말했습니다.

"무슨 말씀이시죠?"

"글쎄요, 이전보다 더 훌륭한 설교자가 되었습니다."

"네, 저도 항상 목사님을 훌륭한 설교자라고 생각했었습니다." 그 감리교인이 대답했습니다.

"예, 그렇지만 지금은 이전보다 훨씬 힘이 넘칩니다. 이전에는 없었던 능력을 가지고 있습니다."

공개적으로 말을 하지는 않았지만 나는 그 감리교인에게는 나의 체험을 말해 주었습니다. 왜냐하면 나는 교회가 나누어지는 것을 바라지 않았기 때문이었습니다.

그는 그 장로교인에게 이렇게 말했습니다. "선생이 유럽 간 사이에 우리 목사님께 어떤 일이 일어났는지 아십니까?"

"모르겠습니다."

"목사님은 그 동안 성령세례를 받아서 방언으로 기도를 했답니다."

그 장로교인은 고개를 푹 떨어뜨렸습니다. 그 감리교인은 그 장로교인이 교회를 떠나겠다고 말할지 안 할지 몰랐습니다.

그러나 우리는 교인 한 명도, 한 가족도 잃어버리지 않았습니다. 그들은 체험의 중요성을 알았던 것입니다.

장로교인은 이렇게 말했습니다. "나는 전에도 목사님의 설교를 들었었고, 그 후로 계속 목사님의 설교를 듣고 있는데, 나는 목사님 설교를 늘 듣고 싶습니다."

교인들의 93퍼센트는 나를 따라 성령세례를 받았으며, 나머지 7퍼센트도 여전히 교회에 나오고 있었습니다.

설교하는 기름부음은 받았지만 그 영광의 구름과 함께 했던 강한 기름부음을 받는 일은 그 후 3년 동안의 사역 기간 중에 다시는 일어나지 않았습니다. 그 동안 나는 성령세례를 받았고 순복음 교회 사람들 쪽으로 옮겨서 중북부 텍사스 주의 흑토지대에 있는 한 작은 교회에서 목회를 하고 있었습니다.

어느 주일 밤 예배시간에, 그러니까 1939년 9월 둘째 주일날 밤 나는 예언에 관한 설교를 하고 있었는데 기름부음이 내 위에 내려왔습니다. 나는 내가 무슨 말을 하고 있는지도 몰랐으며 사람이나 어떤 물건도 아무 것도 볼 수가 없었습니다. 그것은 마치 구름이나 짙은 안개가 교회에 가득 찬 것 같았습니다.

정신을 차리고 보니 나는 강단에서 내려와 성도들 앞에 서 있었습니다. 이런 적은 평생 처음이었습니다. 사실 아내는 내게 이렇게 말하곤 했습니다. "당신은 세수 대야 안에 서서도 설교를 할 수 있을 겁니다." 왜냐하면 설교를 한 번 시작하면 절대로 강대상 뒤에서 움직이지 않았기 때문입니다. 남침례교에 있을 때 이런 훈련이 되어 있었습니다.

그러나 영광이 임하자 나는 내가 15분간 한 말도 한 마디 알 수 없었습니다. 나는 영광의 구름 속에 있었습니다. 내가 강대상 주위를 왔다 갔다 하고 있는 것을 발견하고 나는 너무나 당황하여 얼굴이 새빨개져서 얼른 강단으로 올라가서 강대상 뒤에 서서 이렇게 말하면서 사람들을 초청하였습니다. "아멘, 다 같이 기도합시다."

기름부음이 있을 때

교회 안에 있던 모든 죄인들은 나와서 구원받았습니다. 우리는 그날 밤 부흥을 맛보았습니다. 그날 밤 스무 명이 성령세례를 받았습니다. 지금으로서는 별로 대단한 것 같지 않지만 1930년에는 여섯 명이 구원받고 세 명만 성령세례를 받아도 우리는 대박을 터뜨렸다고 생각했었습니다.

그날 예배에서 그 동안 성령세례를 받지 못했던 사람은

모두 성령세례를 받았으며, 믿지 않던 사람들이나 믿다가 타락했던 사람들도 모두 다 하나님께로 돌아왔었습니다. 이것은 내 설교 때문이 아니라 바로 기름부음 때문에 일어난 일이었습니다.

그 영광의 구름은 치유집회나 예배 때 여전히 꽤 자주 나타나고 있습니다. 교인들도 그 구름을 본 적이 있습니다. 이 구름은 방안으로 들어와 방안을 가득 채웁니다.

내가 설교를 하거나 강연을 할 때면 때때로 그 기름부음이 들어와서 내가 아무도 볼 수 없을 정도로 나의 시야를 완전히 가립니다. 대부분의 경우에 그 구름은 사람들의 머리 바로 위에 드리워져 있습니다. 이럴 때는 기름부음이 거기 있기 때문에 누군가가 치유사역을 하지 않아도 사람들은 치유를 받습니다.

기름부음은 가끔 눈으로 볼 수 있게 나타나기도 합니다. 초대교회의 그리스도인들이 기도를 하던 집이 갑자기 흔들리기 시작했을 때 그 기름부음을 볼 수 없었다고 생각하십니까? 빌립보에 있는 한 감옥이 흔들렸던 것은 바울과 실라가 기도한 결과로 다시 나타났던 것입니다.

다른 그리스도인들과 마찬가지로, 나는 내 안에 항상 성령의 기름부음을 가지고 있지만, 우리가 여기서 말하는 것은 설교하는 기름부음을 말하고 있는 것입니다.

이제는 더 이상 설교를 그렇게 많이 하지 않고 주로 가르치고 있지만, 나는 설교하는 기름부음을 좋아합니다. 나는 설교하는 기름부음을 사랑합니다.

　설교하는 기름부음은 가르치는 기름부음과 다릅니다. 설교하는 기름부음은 느낌이 다릅니다. 이 기름부음은 더욱 활력이 있습니다. 같은 성령이지만 다른 기름부음입니다. 설교하는 기름부음을 주신 하나님께 나는 감사드립니다. 나는 설교하는 기름부음을 좋아하기 때문에 내가 마음대로 기름부음을 통제할 수 있다면 나는 설교하는 기름부음을 자주 사용할 것입니다.

　설교와 가르침의 차이점은 설교하는 것은 "선포하는 것"을 의미하지만 가르치는 것은 "설명하는 것"을 의미합니다.

　가끔 한 번씩 아직도 설교하는 기름부음이 내 위에 내려옵니다. 내가 설교하는 것을 들어본 적이 없으면 나의 설교 테이프 "엘 샤다이(El Shaddai)"를 들어보기 바랍니다. 그 테이프에서 나는 가르침이 아니라 설교를 하고 있습니다.

　수년 전에 워싱턴 DC가 가까운 어떤 순복음 실업인회에서 나는 "전능하신 하나님(El Shaddai)"을 설교했습니다. 특송하는 사람이 마지막 노래를 부르고 있었으며, 나는 강단에 앉아서 지옥에 갔다 온 간증을 할 준비를 하느라고 내 생각에 골몰해 있는데 갑자기 마치 외투 같은 것이 내 위에 내렸습니다. 오버 코트처럼 내게 꼭 맞았습니다. 그것은 바로 설교하는 기름부음이었습니다. 신이 나서 설교하는 한 사람에 관해 말하고 있는 것입니다!

　엘리야가 엘리사에게 자기의 외투를 던졌던 것을 생각해

보십시오. 마치 외투를 입듯이 그렇게 성령님께서 엘리사 위에 내려 온 것을 나타내는데 내게도 그렇게 임했습니다. 결국 이 구약 시대의 모형과 그림자가 신약 시대에 다 이루어졌습니다.

사람들이 내게 예배 인도를 넘겨주었을 때 나는 "엘 샤다이"에 대한 설교노트도 가지고 있지 않았었지만 설교하는 기름부음이 있었습니다. 나는 설교 본문을 가지고 바로 설교를 시작했습니다. 그날 우리는 정말 대단히 훌륭한 예배를 드렸습니다.

제 7 장

가르침을 위한 기름부음
(The Anointing To Teach)

시작할 때부터 교사는 아니었지만 나는 항상 하나님의 말씀에 대하여 최대의 존경심을 가지고 있었으며 늘 매우 열심히 말씀을 공부했었습니다. 목사로서 초기에는 내 힘으로 말씀을 읽고 연구하며 깊이 파는 데 많은 시간을 보내곤 하였지만 연구한 것들을 가르치지는 않았습니다. 나는 가르침에 대한 기름부음이나 인도함이 없었습니다.

그러나 나는 교회에서 성경 공부 반을 하나 만들어 가르쳤습니다. 이것은 대부분의 오순절 교회의 전통이었습니다. 가끔 순복음교회나 오순절 교회 사람들은 형식주의와 의식주의를 이유로 기존 교단에 속한 사람들을 비판하지만, 사실은 그들도 자기들의 전통에 매어 있었습니다! 그들도 자신들의 전통을 지키기 위해서 싸울 것입니다. 이런 것들은 모두 나쁜 것입니다.

1937년에 나는 성령세례를 받고 방언을 말하였으며, 1939년에는 재미있게 표현하자면 침례교에서 "교제의 왼발"

을 오순절로 옮겨 왔습니다. 아내와 나는 북부 텍사스의 작은 오순절 교회의 청빙을 받아들였습니다.

교인들은 "목사님은 남자 성경 공부 반에서 가르치고, 사모님은 여자 성경 반을 가르치는 것이 관례입니다"라고 말했습니다.

"그런데 제가 그 관례를 방금 고쳤습니다'"라고 내가 말했습니다. 그 당시에 나는 아직 오순절 교회로 온지 얼마 되지 않았었습니다. 나는 오순절 교회 교인들은 모두 날개가 다 나온 성숙한 단계에 있다고 생각했었습니다. 얼마 지나자 나는 그들이 이제 막 날개가 나려고 조금 내밀고 있는 상태임을 알게 되었습니다. 그들은 아무도 날개가 자라도록 성장하려고 하지 않았습니다. 그들의 관습을 뜯어 고쳐야 그들이 성장하리라는 것을 나는 깨달았습니다.

그래서 나는 할 수 없이 말을 부드럽게 하면서 그들을 잘 설득하여 아내는 성경 공부 반을 가르치지 않게 되었습니다. 그들은 이렇게 말했습니다. "그러면 이렇게 하도록 하겠습니다. 남녀 성인 성경 공부 반을 합쳐서 본당에서 성경 공부를 하도록 하고 목사님께서 그 반을 가르쳐 주십시오." 가르치는 것이 그 무엇보다 싫었지만 나는 할 수 없이 가르쳤습니다.

주일 아침마다 성경 공부시간이 끝났을 때보다 내 생애에서 더 기쁜 시간은 없었습니다. 교사 지침서를 내려놓으면서 나는 "휴, 이제 한 주 동한 쉴 수 있겠구나"라고 말하곤 하였습니다.

가르치는 일이 너무 싫었기 때문에 한 주 내내 교사 지침서를 쳐다보지도 않곤 했습니다. 가끔은 다음 주일 아침 수업이 시작되기 직전에야 책을 집어 들고 준비하곤 했습니다. 그래도 그런대로 그런 상태로 수업을 유지해 나갈 수 있었던 것은 거듭난 후에 내가 개발한 특별한 능력 때문이었는데, 즉 한 번 읽으면 절대 잊어버리지 않는 능력이었습니다. 거듭나기 전에는 그런 재능이 내게 없었습니다. 그런데 거듭난 후에는 고등학교 역사책에서 한 과를 다 읽고 나서 선생님께 글자 하나 틀리지 않고 다 외워 보일 수가 있었습니다. 그것은 내가 하나님의 생명 안에서 살아가는 법을 배웠기 때문이었습니다. 하나님의 생명 안에서 살아가면 당신의 지적인 능력도 증가됩니다. 전에는 나는 어떤 것도 잘 기억하지 못했었습니다.

그 덕에 나는 교사 지침서를 한 번만 훑어보고도 달달 외울 수 있었습니다. 그리고는 "가르치는 것은 끝났으니 이제는 다시 설교를 할 수 있겠구나!"라고 말하곤 했습니다. 나는 풍차처럼 팔을 흔들며 마치 태풍 속의 구름 덩어리처럼 움직이며 설교를 했습니다.(나는 이런 식으로 하지 않는 것은 설교가 아니라고 생각했었습니다.) 나는 설교자였으며 설교하는 것을 좋아했습니다. 나는 먹는 것보다 설교하는 것을 더 좋아했습니다.

나는 9년 동안 설교를 했습니다. 내가 설교한 내용은 모두 전도를 목적으로 한 그런 말씀이었습니다. 다른 것은 설교한 적이 없었습니다. 다른 것은 내게 아무 것도 없었습니다.

그러던 어느 날 목요일 오후 3시를 아직도 나는 기억하고 있습니다.(그 때가 1943년이었는데 나는 1934년 이래 계속 설교를 해왔었습니다.)

나는 거실에 누워 있다가 물을 한 잔 마시러 목사관의 거실을 가로질러 부엌으로 갔습니다. 거실을 가로질러 자리로 돌아오고 있는데 무엇인가가 내 위에 뚝 떨어지더니 내 안에 있었습니다. 그것은 마치 공중 전화기에서 동전이 떨어지는 것과 같이 그것은 내 안에서 일어났습니다. 나는 죽은 듯이 조용히 서있었습니다. 나는 그것이 무엇인지 알았습니다. 그것은 바로 가르치는 은사였습니다. 가르치는 기름부음이 내 안에 떨어지자 나는 이렇게 말했습니다. "이제 나는 가르칠 수 있어."

하나님으로부터 어떤 은사를 받으면 나는 먼저 실제로 증명을 해 보았는데 나는 여러분들도 그렇게 하도록 권합니다. 당신은 하나님으로부터 받은 은사를 증명해 본 다음에 그 은사에 대해서 말할 수 있습니다. 증명되지 않았다면 당신이 은사를 받았다고 선포한다고 은사가 나타나는 것은 아닙니다. 나는 내가 가르치는 기름부음을 받은 것에 대해서 아무 말도 하지 않았습니다.

수요일 오후 2시부터 4시 사이에 교회에서 7~8명의 부인들이 모이는 작은 기도 모임이 있었습니다. 교인들이 기도 제목들을 주면 그들은 그 제목들을 위해 기도하고 교회와 예배를 위해서도 몇 시간씩 기도하곤 했습니다. 내 아내는 항상 그들과 함께 기도했으며 나도 늘 참석했습니다.

  우리 부부는 이 작은 모임에 모인 사람들에게 기도 훈련을 시켰습니다. 그들은 전문적인 기도 용사가 되었습니다. 무엇인가 원하는 것이 없다면 그들에게 기도부탁을 하지 않는 것이 나았는데, 그들은 기도하면 반드시 응답을 받아 주었습니다.

  나는 그들에게 기도하기 전에 한 시간 동안 성경 공부를 하자고 제안했습니다. 그러나 나는 이 모임에 다른 사람을 초청하지는 않았습니다. 교회에 광고가 된 모임이 아니었습니다.

  그 7-8명의 여자들을 가르치기 시작하면 기름부음이 내 위에 내리고는 하였습니다. 나는 한 자리에 서서 말씀을 가르치는데 그렇게 대단한 기름부음이 내 위에 내릴 수 있다는 것을 미처 몰랐었습니다. 기름부음이 임하면 설교할 때처럼 목소리를 최고로 높여 고함을 지르고 풍차처럼 손을 흔들며 "솜을 뱉어내듯이" 입으로 침을 튀겨야 한다고 나는 생각했었습니다.

  그러나 거기 가만히 서서 말씀만 가르치고 있는데도 기름부음이 얼마나 강하게 내 위에 내리는지 나는 서 있을 수가 없었습니다. 그래서 나는 이렇게 말하곤 해야 했습니다. "주님, 그만 하세요. 더 이상은 견딜 수가 없습니다!"

  축복받은 것에 대해 말하고 있는 것입니다. 그것은 마치 전류가 흐르는 전선을 잡는 것 같았습니다. 이런 기름부음과 하나님의 말씀이 그 여자들에게로 흘러 들어갔습니다. 그들은 집에 가서 남편과 다른 사람들에게 말했습니다. 여전히 우리는 수요일 오후 성경 공부를 광고하지 않았습니다. 아무도 초청하지 않았습니다.

그러나 공식적인 수요일 밤 예배가 있음에도 불구하고 사람들은 수요일 오후에도 모이기 시작했습니다. 그들의 남편들은 그 오후 모임에 참석하려고 직장에서 빨리 퇴근할 정도였습니다. 오래지 않아서 건물이 가득 찼습니다. 수요일 저녁 예배보다 수요일 오후에 더 많은 사람들이 모였습니다.

나는 내가 받은 가르치는 은사를 증명해 보였습니다. 가르치는 기름부음이 역사하고 있었습니다. 나는 믿음으로 시작하고 또한 계속함으로써 오후에 교회 건물이 사람들로 가득 찼습니다. 이정도면 내가 은사를 받았다는 것을 증명한 것이었습니다. 그렇지 않습니까?

목사로서 나는 점점 더 많이 가르치게 되어 마침내 가르치는 것과 설교하는 것이 거의 반반쯤 되었습니다. 이제는 좀처럼 설교하는 기름부음이 임하지 않았습니다. 가르치는 기름부음을 주신 하나님께 감사합니다! 기름부음은 각각 조금씩 다르지만 모두 하나님께서 여러분들에게 어떤 일을 하도록 부르셨든지 여러분에게 기름부음을 주시는 분은 여전히 같은 성령님입니다.

제 8 장
목회를 위한 기름부음
(The Anointing To Pastor)

킹제임스 성경에 따르면 "목사"라는 말은 신약 성경에 오직 한 번 나타납니다. 목사는 어떤 직분보다 광범위하게 퍼져 있고 너무나 중요한 것을 감안할 때 놀라지 않을 수 없습니다.

이 단어는 에베소서 4장 11절에 있습니다. "그가…목사로 주셨으니" 그리스어로 목사(pastor)라고 번역된 단어는 목자(shepherd)라고도 번역되었기 때문에 이 직분에 대한 언급은 다른 성경 구절에서도 볼 수 있습니다.

또 하나 헷갈리지 않고 이해하려면 그리스어의 에피스코포스(episkopos)는 "감독(bishop)"으로 번역되기도 하고 "overseer(교구를 감독하는 사람)"이라는 말로도 번역되어 있다는 것을 알 필요가 있습니다. 이들은 같은 말로서 둘 다 "목사(pastor)"를 의미합니다.

에베소 교회 장로들에게 고별인사를 하면서 바울은 이렇게 말했습니다. "너희는 자기를 위하여 또는 온 양떼를 위하여 삼가라. 성령이 저들 가운데 너희로 감독자(overseers)를 삼고 하나님께서 자기 피로 사신 교회를 치게 하셨느니라"(행 20:28) 이 장로들은 목사들이었습니다.

장로(elder)에 관해서는 상당한 논쟁이 있어왔습니다. 초대 교회사를 공부해보면 장로(elder)라고 번역된 그리스어는 단순히 "연장자(an older person)"를 뜻한다는 것을 알게 될 것입니다.

교회의 시초에는 신약성경에 기록되어 있는 모든 사역들이 다 있었던 것은 아닙니다. 초창기에 있었던 유일한 사역은 사도들이었습니다.

예루살렘에 큰 박해가 일어나자 초기 그리스도인들은 해외로 흩어지게 되었습니다. 그들은 가는 곳마다 예수님을 전파했었는데 그들은 모두 설교자였습니다.

사도행전 8장 5절에는 이렇게 말하고 있습니다. "빌립이 사마리아 성에 내려가 그리스도를 백성에게 전파하니" 그렇다고 해서 당시 빌립이 복음 전도자였던 것은 아닙니다. 사도들이 그에게 손을 얹어서 그는 먼저 집사로서의 직분을 감당하도록 했었습니다.

나중에 사도행전 21장에 보면 누가와 바울과 그 일행이 가이사랴에 내려가 "복음 전도자 빌립"의 집에 있었다는 얘기가 있습니다. 하나님께서 사역들을 일으키기 시작했을 때 빌립은 복음 전하는 자가 되었습니다.

사역이 발전되는 데는 시간이 걸립니다. 오늘 당신이 구원받고, 성령세례도 받고, 또한 하나님께서 당신을 목사로 부르셨다고 해도, 내일부터 당장 목사 역할을 할 수 있는 것은 아닙니다. 당신은 아직 준비가 되어 있지 않습니다. 목사가 되려면 준비를 해야 합니다.

그러므로 당신이 사역을 하고 있든 아니든, 하나님을 순종함으로 시작하십시오. 그러면 하나님께서 당신을 진급시켜서 크게 쓰실 것입니다. 당신도 빌립처럼 어디에 있든지 하나님께 신실한 것을 배운다면, 하나님께서 당신을 꼭 맞는 자리로 옮겨 주실 것입니다. 하나님께서 좋은 직분을 주시면 좋지만, 그렇지 않더라도 현재 당신이 있는 자리에서 충성해야 합니다. 당신이 성실하지 않다면 하나님께서는 당신을 쓰시지 않을 것입니다.

초대교회에서는 사역이 부족했기 때문에 양 무리 가운데서 한 사람을 장로("연장자")로 임명했습니다. 이들 장로들을 하나님께서는 목사나 감독으로 발전시켰습니다.

그 위에 기름부음이 없는 성도에게 장로의 직분을 감당하도록 하거나 회중을 감독하도록 하는 것은 확실히 비성경적인 일입니다. 그는 그런 직분을 감당할 기름부음이 없습니다. 그런 사람은 다른 성도들과 같은 기름부음만을 받았을 따름입니다.

이와 같이 감독과 장로는 동일하게 목사의 직분입니다.

누가 양떼를 돌봅니까? 목자가 돌봅니다. "목자"란 무슨 뜻입니까? 희랍어로 "목자(Shepherd)"는 "목사(pastor)"로 번역되었습니다. 그러면 누가 양떼를 돌봅니까? 목사가 돌봅니다. 베드로는 예수님을 "너희 영혼의 목자와 감독 되신 이"(벧전 2:25)라고 불렀습니다.

또한 베드로전서 5장 4절은 이렇게 말씀하고 있습니다. "그리하면 목자장이 나타나실 때에 시들지 아니하는 영광의 면류관을 얻으리라"

예수님은 모든 하나님의 양들을 돌보시는 위대한 목자이며, 목자장입니다. 예수님은 많은 조수 목자들(undershepherds)을 두셨습니다. 목사는 예수님의 수하에 있는 조수 목자입니다. 목사는 하나님의 양 무리의 목자입니다.

하나님께서는 사람을 불러 구비시켜서 한 양 무리의 목양하는 자로, 즉 목사로 세우십니다.

예언

많은 사람들이 "사도행전의 시대로 돌아갑시다. 초대교회 시절로 돌아갑시다. 초대교회 성도들이 행했던 대로 우리도 그렇게 합시다."라고 말할 것이다.

"그렇게 하라." 하나님의 영이 말씀하신다. 그들과 같은 체험을 가져라. 그들과 같은 빛 가운데서 행하라. 그러나 그들처럼 교회를 다스린다면 너희들은 아무런 영적인 성장도 없는 어린아이 신자와 어린아이 교회를 벗어나지 못할 것이다.

그러나 너희는 성장했고 발전했다. 그러므로 일어나 오늘날을 위한 하나님의 말씀의 빛 가운데 걸어가라.

하나님의 영의 충만한 흐름을 만끽하라. 그리하면 하나님의 기름부음이 너희들에게 머무를 것이며, 하나님의 기름부음이 너희를 통하여 흐를 것이며, 사역의 직분을 감당할 때 하나님의 기름부음이 그들 위에 임할 것이다.

그리하면 모든 교회가 세움을 받아 하나님의 역사가 일어날 것이다.

목사로서 내가 배운 것들

목사로서 12년 동안을 섬겼어도 나는 목사의 기름부음에 대해서는 많이 알지 못했습니다.

여러분은 이렇게 말할지도 모르겠습니다. "목회를 하셨으니까 당연히 아셨겠지요."

나는 이렇게 대답할 것입니다. "목사는 나의 직분이 아니었습니다."

하나님께서 허락하셔서 잠시 목회를 했을 뿐이지 내게는 목사의 기름부음이 없었습니다. 그것은 다른 기름부음입니다. 같은 성령이지만 다른 기름부음입니다.

나는 목사의 기름부음을 받은 사람들을 알아볼 수 있었습니다. 그들을 통해 나는 축복을 받았지만, 나 자신은 목사의 기름부음이 없었으며, 받은 적도 없었습니다. 목사님을 인하여 하나님께 감사합니다. 목사의 직분을 주신 하나님께 감사합니다. 목사는 놀라운 직분이며 기름부음입니다. 기름부음 즉 하나님의 영이 어떤 사람에게 임하여서 목사의 직분을 감당하게 하시는 일은 참으로 놀라운 일입니다.

어떤 사람들은 자신이 목사임을 자칭합니다. 만일 당신이 하나님으로부터 목사로 부르심을 받았다면 목회를 할 수 있도록 기름부음이 당신에게 임하실 것입니다.

목회를 하는 일에는 설교하는 것 외에도 더 많은 것이 요구되지만 설교를 위한 기름부음도 항상 임하는 것은 아닙니다. 설교를 위한 기름부음이 항상 임해 있다면 그 사람은 설교만 하다가 죽을 것입니다. 그러나 설교를 위한 기름부음은 당신이 설교를 하려고 강단에 섰을 때만 임하실 것입니다.

바울은 젊은 목사인 디모데에게 이런 편지를 썼습니다. "너는 진리의 말씀을 옳게 분별하며 부끄러운 것이 없는 일꾼으로 인정된 자로 자신을 하나님 앞에 드리기를 힘쓰라" (딤후 2:15)

하나님께서 내가 목회를 하도록 허락해 주신 동안 나는 많은 것을 배웠습니다. 나는 목사는 모두 반드시 현장에 나가 전도를 하도록 하거나 순회 전도자로서 최소한 2년 정도의 경험은 반드시 있어야 한다고 생각합니다. 그러면 그는 복음 전도자나 특별 강사를 대접할 줄을 알게 될 것입니다.

마찬가지로, 복음 전도자도 적어도 2년 정도는 목사로서 목회를 해 봐야 한다고 생각합니다. 그래야 복음 전도자들도 때때로 하는 거침없는 말들을 많이 하지 않게 될 것입니다.

한 10년 정도 목회를 한 후에 나는 나의 교회에 틀어박혀서 며칠 동안 금식하며 기도한 적이 있었습니다. "주님, 왜 저는 이렇게 만족이 없지요? 교회는 점점 성장하고, 우리는 필요한 돈도 다 있고, 우리가 살아본 집들 중에서 가장 좋은 목사관에 살고 있습니다. 모든 것은 다 최상의 상태입니다.

"예배 때마다 사람들은 구원을 받고, 성령 충만 받고, 환자들은 치유 받고 있습니다. 자연적인 관점에서 보면 우리는 세상에서 만족해야 할 모든 이유를 다 가지고 있습니다. 그렇지만 나는 만족함이 없습니다. 무엇인가가 옳지 않습니다."

나는 계속 하나님을 찾았습니다. 하루는 강단 주변에서 큰 소리로 기도를 하고 있는데 하나님께서 이렇게 말씀하셨습니다. "그 이유는 나는 처음부터 너를 목회를 하도록 부른 적이 없기 때문이다. 너는 목사로 부름 받지 않았다. 목사 직분은 너의 직분이 아니다."

많은 사람들이 잘못된 직분을 맡아 일하고 있다는 것을 알고 있습니까? 이렇게 되면 다른 사람의 직분에 간섭하는 것이기 때문에 정말로 너무나 위험한 일입니다.

잘못된 직분에서 사역하는 것

구약 시대에는 다른 사람의 직분을 침범하는 사람은 즉시 죽었습니다. 예를 들자면, 어떤 사람 둘이 성소를 침범했다가 그 자리에서 죽은 일도 있습니다.

은혜를 인하여 하나님께 감사하는 것은 오늘날과 같은 은혜 시대에는 잘못된 직분에서도 어느 정도 그럭저럭 지낼 수 있다는 것입니다. 그러나 영원히 그렇게 지낼 수는 없습니다. 성경이 말씀하듯이 조만간 여러분이 스스로 자신을 판단하지 않으면, 세상과 함께 정죄 받지 않도록 여러분은 판단을 받아야만 할 것입니다.

> 고린도전서 11:31-32
> 31 우리가 우리를 살폈으면 판단을 받지 아니하려니와
> 32 우리가 판단을 받는 것은 주께 징계를 받는 것이니 이는 우리로 세상과 함께 정죄함을 받지 않게 하려 하심이라

나는 50년간의 사역을 통해서 능력 있는 하나님의 사람들을 알게 되었습니다. 그들은 성령으로 기름부음을 받아 선지자나 복음 전하는 자의 직분을 감당하는 자들로서 그들을 통해 기적의 역사, 치유의 은사, 특별한 믿음의 은사가 나타났습니다. 그들 중의 몇몇은 오늘도 살아 있어야 함에도 불구하고 죽고 말았는데, 그들은 기름부음도 받은 적이 없는 다른 직분을 감당하려고 했기 때문이었습니다.

당신은 기름부음을 더하거나 감소시킬 수 있습니다. 그들이 가진 기름부음은 줄어들었습니다.

"열방을 위한 그리스도(Christ for the Nation)"의 창시

자인 고든 린지(Gordon Lindsay)와 나는 어느 날 세상을 떠난 훌륭한 사역자들 중의 한 분에 대한 얘기를 나누었습니다. 그 사역자는 신유 부흥의 최전선에서 우뚝 솟은 분이었습니다. 우리들은 모두 한때 "치유의 목소리(The Voice of Healing)"라는 조직의 일원이었습니다.

이 사역자가 죽기 2년 전에 하나님께서는 그가 죽을 것이라고 내게 말씀하셨는데 그는 주님께서 말씀하신 대로 정확하게 그 날 돌아가셨습니다.

어떤 사람들은 나에게 "왜 그에게 가서 그 말을 하지 않았나요?"라고 물었습니다.

주님께서는 내게 그를 찾아가 말하라고 말씀하시지 않으셨습니다. 사실, 내 영의 증거는 "그에게 관여하지 말고 내버려 두라. 말 한 마디도 하지 마라"라는 것이었습니다. 그러나 린지 형제는 그와 가까운 사이였기 때문에 성령께서는 네 번이나 그에게 찾아가서 "당신은 죽을 겁니다"라고 말하도록 하셨습니다. 그러난 린지 형제도 그가 듣지 않으리라는 것을 알았기 때문에 이에 대해서는 그에게 아무 말도 하지 않았습니다.

전에 그는 이 문제를 가지고 그 목사에게 "왜 하나님께서 원하시는 곳에서 하나님께서 목사님에게 주신 은사를 나타내지 않으십니까? 그렇게 하십시오. 다른 사역을 하려고 하지 마십시오"라고 간절히 말씀을 드렸었습니다.

그는 가르치는 사역을 하려고 했습니다. 그러나 그는 교사는 아니었습니다. 가르침은 그의 소명이 아니었습니다. 가르침을 위한 기름부음이 없었기 때문에 그는 축복 보다는 혼란을 일으켰습니다. 그는 린지 형제에게 이렇게 말했습니다. "맞습니다. 하지만 나는 가르치고 싶습니다."

그냥 가르치는 사람이 되고 싶다고 교사가 되려고 하지는 마십시오! 하나님의 부르심이나 기름부음을 가지고 일을 하십시오. 그렇지 않은 일을 해서는 안 됩니다. 설교의 기름부음이 있는 사람은 가르치려고 하지 마십시오. 부르심과 기름부음이 없는 사역을 하는 자리에 있지 마십시오.

그 목사님은 "맞습니다. 그렇지만…내가 하고 싶으니까요"라고 말했고 그는 결국 죽고 말았습니다. 그는 아직도 살아 있어야 했을 사람이었으며 그랬더라면 큰 축복이 되었을 것입니다.

나는 사람들이 자신의 기름부음의 아래서 사역을 하지 않음으로써 그 사역자의 경우처럼 놀라운 사역을 망치고 그를 통해 교회가 받았어야할 복을 빼앗기는 것을 보았습니다. 여러분이 사역을 너무 다양하게 얇게 함으로써 어떤 사역에도 기름부음이 별로 없게 될 수도 있습니다.

그래서 나는 설교를 하던, 가르치는 일을 하던, 주님이 부르신 곳에 머물러 있습니다. 내가 무엇을 가르치든지 어디에서부터 시작하든지 결국 나는 믿음과 치유에 대해 설교를 하기 때문에 아무 차이가 없습니다. 이 주제에 대해서 설교를 시작하자마자 나는 그렇게 됩니다. 시작은 적그리스도에 대한 설교를 해도 결국은 믿음과 치유에 대해 설교하게 됩니다.

특히 당신이 목사라면 하나님께서 어떤 때는 다른 주제를 가지고 말하도록 인도하기도 합니다. 한동안은 목사로 섬겼었지만 하나님께서는 나를 목사로 부르신 적이 없었습니다. 배우는 기간이기는 했지만 나의 부르심은 아니었습니다.

1948년 하나님께서 크게 쓰시던, 치유 사역에 대한 기름부음이 강한 분이 있었습니다. 나의 친구 목사 한 분은 내게 이렇게 말했습니다. "해긴 형제, 자네도 저렇게 할 수 있어. 그 목사님에게 있는 똑 같은 기름부음이 자네에게도 있다니까."

나는 그런 사역에 대해서 생각해본 적도 없었습니다. 나는 여전히 담임 목사로서 목회를 하고 있었습니다.

내 친구 목사는 이렇게 말했습니다. "자네가 우리 교회에서 설교를 할 때 치유나 믿음에 대해서 설교를 하게 되면 마치 토끼를 쫓는 개처럼 그냥 전력으로 달리듯 하더군."

그것은 하나님께서 나를 불러 시키신 일을 하도록 내게 기름을 부으려고 했었기 때문이었습니다. 내가 만일 목회와 같이 다른 일을 하려고 했더라면 그런 기름부음은 없었을 것이며, 나의 삶과 사역 전반에 걸친 기름부음은 감소되었을 것입니다.

1949년 4월 첫 번째 주일 나는 나의 마지막 목회 사역지에서 고별 설교를 했습니다.

1950년 텍사스 락월(Rockwall)에서 열린 천막 집회 때 주님께서 처음으로 환상 가운데 나타나셔서 말씀하신 여러 가지 중에서 이런 말씀을 하셨습니다. "네가 마지막 교회를 떠났을 때 너는 네 사역의 첫 단계로 들어섰다."

　그 당시 나는 이미 15년(1934년부터 1949년까지)째 사역을 하고 있었습니다. 그 중 12년은 담임 목사로 섬겼으며 나머지는 복음 전하는 자로 사역을 했었습니다. 그런데 나는 복음 전하는 자도 아니었고 부르심도 없었습니다.(그래서 내게는 설교의 기름부음이 매우 자주 임하지 않았던 것입니다.)

　마지막 교회를 떠났을 때에야 비로소 내가 첫 단계의 사역으로 들어가게 되었다고 주님께서 말씀하셨을 때 나는 이 문제를 가지고 하나님께 따졌습니다.(아나니아도 다소의 사울을 위해 기도하러 가는 것에 대해서 하나님께 따졌습니다.)

　"주님 그럴 리가 없습니다. 제가 15년 동안이나 목회하면서 설교를 해 왔는데 주님께서 나를 위해 가지고 계신 사역의 첫 단계에 조차도 못 들어섰단 말씀입니까?"

　"정확히 그렇다."

　그러자 주님께서는 우리 모두가 생각해 볼 필요가 있는 것을 이렇게 말씀하셨습니다. "많은 사역자들이 살다가 죽으면서도 그들을 위해 내가 가지고 있는 사역의 첫 단계에 조차 들어서지 못하고 있다. 항상 그러한 것은 아니지만 많은 경우에 사역자들이 젊은 나이나 중년에 죽어서 자신의 생애를 온전히 살지 못하게 되는 것이 바로 이 때문이다."

하나님의 최고 안에 있지 못하면 하나님의 최고를 요구할 수 없습니다. 하나님의 완전한 뜻 가운데 있지 않으면 하나님의 완전한 공급을 요구할 수 없습니다. 우리는 하나님의 최고의 뜻을 알고 우리의 자리를 찾아야할 필요가 있습니다.

우리가 훈련을 받는 기간 동안에는 하나님께서는 어디서나 섬기도록 하락하십니다. 그러나 무릎을 꿇고서 자신의 자리를 찾아야 할 때가 반드시 올 것입니다.

이렇게 하는 대신 우리는 "나는 사역을 하고 있으니까 하나님을 위해 일하고 있어"라고 생각하며 우리의 자리를 찾았다고 여깁니다. 그러나 이렇게 하면 하나님을 위해 일하면서도 죽을 수 있습니다!

우리는 스스로 물어봐야 합니다. "하나님은 무엇을 하라고 나를 부르셨을까? 하나님께서는 내가 무엇을 하기를 바라실까?"

오, 나는 내가 하고 싶다고 해서 무엇을 한 적은 없습니다. 나는 하나님께 순종하기를 원합니다.

그런데 기름부음이 내게 임하여서 나는 가르치기 시작했습니다. 비록 나는 예언을 했었지만, 선지자의 직분을 감당할 기름부음은 받지 못했었습니다.

제 9 장

선지자의 기름부음
(The Anointing of the Prophet)

예수님은 모든 직분을 감당하도록 모든 종류의 기름부음을 받았습니다.

바울은 디모데에게 편지를 쓰면서 자신의 직분에 대하여 이렇게 말했습니다. "내가 이 복음을 위하여 선포자와 사도와 교사로 세우심을 입었노라"(딤후 1:11) 사도행전 13장에서 우리는 바울이 선지자의 직분도 감당했음을 알 수 있습니다.

환상을 보고 계시를 받았기 때문에 우리는 바울이 선지자의 직분을 감당했음을 알고 있습니다. 선지자는 여러 가지 중에서도 환상을 보고 계시를 받는 사람입니다. 바울이 배운 모든 복음은 다 이렇게 해서 배운 것이었습니다.

우리 가운데도 어떤 사람은 바울과 같이 한 가지 이상의 직분을 감당하고 있습니다. 우리는 흔히 한 직분을 행하다가 또 다른 직분을 행합니다.

감사하게도 나는 설교를 하는 기름부음을 받고나서 가르

치는 기름부음도 받았습니다. 나는 설교하고 가르치는 일을 계속했습니다. 나는 방언도 하고 예언도 했지만 1952년까지는 선지자의 직분을 감당한 적이 없었습니다. 나는 내가 언제부터 선지자의 사역을 하게 되었는지를 정확히 알고 있습니다.

나는 사도나 목사의 기름부음은 없습니다. 이런 기름부음은 받아 본 적도 없습니다. 그러나 다른 사람에게 이런 기름부음이 있는 것은 알 수 있습니다.

선지자로서의 기름부음은 같은 성령으로 말미암은 것이지만 다른 기름부음입니다. (1) 선지자의 직분을 감당하는 것과 (2) 단순한 예언의 은사는 다르다는 것을 아는 것은 중요합니다.

모든 성령 충만 받은 성도는 예언을 할 수 있으며 예언을 하도록 하는 기름부음에 관해 알 수 있습니다. 성경은 이렇게 가르치고 있습니다. "너희는 다 모든 사람으로 배우게 하고 모든 사람으로 권면을 받게 하기 위하여 하나씩 하나씩 예언할 수 있느니라"(고전 14:31)

단순한 예언의 은사는 사람들에게 덕을 세우며(edification), 권면하며(exhortation), 위로하는 것(comfort)입니다. 성령으로 영감을 받아서 하는 훌륭한 간증은 단순한 예언의 은사입니다. 그러나 단순히 예언을 하는 것이 당신을 선지자가 되게 하지는 않습니다. 예언을 하도록 당신에게 기름을 부어 주시는 분은 우리 안에 계시는 성령님이지만 선지자의 직분을 감당하게 하는 기름부음이나 은사라는 것도 역시 있습니다.

선지자의 기름부음을 주시는 하나님께 감사드립시다! 선지자의 기름부음이란 얼마나 좋은 것인지요! 가르치려고 예배 순서를 기다리며 강단에 앉아 있다가 나는 갑자기 예언의 기름부음, 즉 선지자의 직분을 감당하게 하는 기름부음이 내 위에 임하시는 것을 가끔 느낍니다. 나는 그것이 무엇인지 알고 있습니다.

그것은 하나의 다른 기름부음입니다. 단순한 예언을 위한 기름부음보다 훨씬 더 깊은 기름부음입니다. 같은 성령님이기 때문에 같은 기름부음이지만 이 기름부음은 백 배나 강한 것입니다.

구약 성경의 엘리사와 엘리야의 이야기에서 보는 것처럼 기름부음은 강해질 수도 있고 약해질 수도 있다는 것을 나는 알게 되었습니다.

내가 어떤 것을 통제하였더라면 나는 예배 때마다 예언을 할 수도 있었겠지만, 하나님께서 예배 때마다 내가 예언을 하기를 바라지는 않으실 것입니다.

처음으로 내가 이 엄청난 예언의 기름부음을 체험한 것은 1964년 1월 애리조나 주의 피닉스(Phoenix)에서였습니다. 나는 순복음 실업인 대회(Full Gospel Business Men's Convention)에 초청된 강사 중 한 사람이었습니다.

집회를 마친 후에 나는 대럴 혼(Darrel Hon) 부부와 아들

베리(Barry), 아내와 함께 근처 식당으로 식사하러 갔습니다. 주문을 하기 전에 갑자기 하나님의 영이 내게 임하셨습니다. 예언의 영임을 알 수 있었는데 "선지자의 영"이라는 말이 더 좋은 것 같았습니다.

나는 일행에게 "기도할 수 있는 곳으로 갑시다"라고 말했습니다. 우리는 우리 모텔 방에 들어가 앉아 기도를 드렸습니다. 우리가 자리에서 일어나 식당을 떠나는 동안 기름부음이 조금 사라지긴 했지만 기도하자 다시 임했습니다.

두 시간 동안 나는 앉아서 예언을 했습니다. 내 평생에 그렇게 오랫동안 예언을 해본 적은 없었습니다. 우리는 녹음기를 가지고 있지 않았기 때문에 혼 형제가 기록했습니다. 그는 대부분의 내용을 다 받아 적었습니다.

이와 똑같은 체험을 다시는 더 해보지 못했습니다. 그 이후로도 비슷한 경험은 두 번 있었지만 그때와 같은 정도의 기름부음은 아니었습니다. 그때 나는 마치 내가 그 침대의 한쪽 끝에 내 자신의 바로 옆에 앉아 있는 것 같았습니다. 마치 내가 두 명이 있는 것 같았습니다. 나는 내 몸의 귀로 내 옆에 앉아 있는 친구가 하는 말을 듣고 있었습니다.

내게는 내 옆에 있는 그가 하는 말과 나는 아무런 상관이 없는 것처럼 느껴졌습니다. 나는 완전히 하나님의 영에 의해 사로잡힌 것 같았습니다. 내가 한 번 성령님께 자신을 내어드리기 시작하자 세상에서 이것 보다 더 쉬운 것은 없었습니다.

두 시간 동안 주님은 우리를 1964, 1965, 1966, 1967, 1968년, 5년 동안으로 데리고 가셨습니다. 주님은 베트남에서 일어날 일과 우리 정부에서 일어날 일에 관해서 우리에게 말씀해 주셨습니다.

뿐만 아니라 사역의 최전선에서 일하고 있던 한 사람을 데려 가실 것이라는 것도 말씀하셨습니다. 나는 지금도 혼 형제가 기록했던 예언을 가지고 있습니다.

그 기록에는 이런 말이 있습니다. "사탄이 그의 생명을 멸망시킬 것이다. 그의 영혼은 구원받고 그의 사역은 그와 함께 끝날 것이다. 1966년이 오기 전에 그는 죽게 될 것이다." 그는 죽었습니다. 그것은 그를 향한 하나님의 온전한 계획도 아니었고 온전한 목적도 아니었음에도 불구하고 예언대로 이루어졌습니다.

1980년 4월 30일, 오클라호마 주 털사에 있는 레마(RHEMA) 캠퍼스에서 "기도와 치유 학교(Prayer and Healing school)"에서 가르치고 있을 때도 나는 이와 비슷한 엄청난 기름부음을 경험했었습니다.(이런 일은 설교할 때 가끔 일어나기도 하지만 내게는 가르칠 때 더 자주 일어납니다.)

선지자의 사역에 관해서 알려드릴 것이 있습니다. 내게 항상 예언의 기름부음이 있었던 것은 아니었는데 그것은 엘리사나 엘리야도 마찬가지였습니다. 하나님의 말씀을 가르치던 도중에 갑자기 (나는 교사였으므로 가르치는 직분은 항상 수행할 수 있었습니다) 나는 이 예언의 영역으로 옮겨갔습니다. 바로 내 앞에 두 눈을 뜬 상태에서 나는 내가 "미니 환상(mini-vision)"이라고 부르는 것을 보았습니다. 마치 문자 그대로 실제로 일어난 것처럼, 나는 젊은 여인이 교회 통로에 서 있는 것을 보았습니다. 나는 내가 그 여인을 가리키며 "예수의 이름으로 치유될지어다!"라고 말하는 것을 보았습니다. 나는 그녀가 뒤로 넘어지는 것을 보았습니다.

그리고 나는 교회 양쪽 통로에 두 남자가 서 있는 것도 보았습니다. 그래서 나는 걸음을 멈추고 서서 환상에서 본 대로 행동을 했습니다.(나는 종종 내가 본 이런 미니 환상대로 행동하곤 합니다.) 나는 그들을 향해 말했습니다. "통로에 서 있으십시오. 예수의 이름으로 치유될지어다!"

내가 이렇게 치유사역을 한 것은 그때 한 번 뿐이었습니다. 다시 한 번 그렇게 사역을 할 수 있을지는 모르겠지만 주님께서 그렇게 하라고 하시면 다시 하게 될 것입니다. 사실 그때도 주님께서 그렇게 하라고 말씀하신 것은 아니었습니다. 나는 단지 "미니 환상"을 보았을 뿐이었습니다. 두 남자 모두 뒤로 넘어졌습니다. 나는 그 미니 환상에서 본대로 행동을 했을 뿐이었습니다. 나는 그렇게 생각했었습니다.

여러분이 영의 영역으로 들어가 성령님께 복종하는 믿음을 가지고 있을 때 성령님은 여러분들을 들어 쓰실 것입니다. 당신이 행동하기 전에 성령님께서 모든 것을 보여 주어야 한다면 여러분은 믿음으로 사는 것이 아니라 보이는 대로 사는 것이며 그분을 기쁘시게 하지 못합니다. 이와 같이 여러분이 모든 것을 다 알 수 있는 것이 아닙니다.

그러나 성령이 역사하실 때 한 발자국을 내딛을 수 있는 믿음을 가지고 있으면, 성령께서는 여러분을 감동시키시고 여러분이 이전에 결코 경험해 보지 못했던 영적인 깊이 안에서 사역을 할 수 있게 될 것입니다. 하나님의 기름부음이 여러분 위에 임하실 뿐만 아니라, 하나님의 기름부음은 여러분을 통하여 나타나게 될 것입니다.

그 미니 환상의 앞부분을 기억하고 있기 때문에 말하겠습니다. 그렇다고 그 다음에는 무슨 일이 일어났는지 의식하지 못했다는 것은 아닙니다. 영적인 것을 너무나 의식하게 되어 자연적인 것들은 인식하지 않게 되는 성령의 영역에 여러분도 들어갈 수 있습니다.

(이런 경우 여러분은 "비몽사몽(trance)"의 경지에 빠져들어 갈 수 있지만 그 때 나는 이런 경지에 들어가지는 않았습니다. 나는 그동안 몇 번 비몽사몽의 경지에 들어가서 환상을 보았습니다. 비몽사몽의 경지에 들어가게 되면 육체적인 감각들은 멈추어지게 됩니다. 그 순간에는 자신이 어디에 있는지도 알지 못합니다.)

우리 직원들이 내게 물었습니다. "해긴 목사님, 왜 모든 얘기를 다 하지 않으시지요?"

"더 할 얘기가 있나요?"라고 나는 말했습니다.

"예, 목사님은 그 여자 분이 통로 위에 누워 있도록 놓아 두셨습니다."

"그래요? 그게 끝이 아니었나요?"

"아닙니다. 그건 일부에 지나지 않습니다. 거기서 끝나지 않았습니다"라고 그들이 말했습니다.

나는 직원들에게 그 후 어떤 일이 있었는지 내게 말해 달라고 했습니다. 왜냐하면 그 나머지에 대해서 나는 아무 것도 몰랐기 때문입니다.

그들은 이렇게 말했습니다. "그렇게 하신 다음에 목사님은 그 부인을 앞으로 불러내셨습니다. 목사님이 그렇게 하시는 것은 처음 봤습니다. 강단에서 펄쩍 뛰어 내려 오시더니, 마치 쥐를 잡는 고양이처럼 그 부인을 잡으셨습니다. 한 손은 그 부인의 배에 다른 손은 등에 대고는 그 부인을 흔들면서 그녀로부터 두려움, 죽음, 질병의 세 귀신을 쫓아내시고 그녀에게 병 고침을 받을 것을 명하셨습니다. 그녀는 다시 마룻바닥에 넘어져서 오후 여섯 시까지 누워 있었습니다."

그녀가 의사를 찾아가서 진찰을 받았는데 의사는 암의 흔적도 찾아볼 수 없었습니다. 암이 모두 사라져버렸습니다. 그녀는 암에서 완전히 치유되었습니다. 그녀의 간증은 1981년 12월호『믿음의 말씀』(The Word of Faith)에 실려 있습니다. 그 부인과 그녀의 남편은 털사로 이사 와서 사역을 준비하기 위해 레마(RHEMA) 성경 훈련소에 다녔습니다.

그 날 일어났던 일을 나의 직원들로부터 듣고 나서 나는 아주 희미한 기억이 났습니다. 그것은 마치 내게는 꿈같았습니다. 내가 하나님의 영에 의해 사로잡힌 것 같았습니다. (하나님께 쓰임 받으려면 기꺼이 순종해야하며 성령님께 자신을 내어 드려야만 합니다.)

   내가 설교를 하고 있는 도중에도 (내게 이미 설교의 기름부음이 임하고 있었는데도 불구하고) 갑자기 선지자로서의 직무를 감당케 하시는 기름부음이 임하곤 했습니다. 나는 이 기름부음을 조절하지 못합니다. 하나님께서 하시는 일입니다.

   한 번은 설교를 하는 중이었는데 갑자기 내가 수마일 떨어진 길모퉁이에 서 있는 것이었습니다. 계속해서 설교하고 있는 내 목소리가 들려왔지만 나는 지금까지도 내가 무슨 말을 했는지 도대체 한 마디도 알지 못합니다. 왜냐하면 나는 그 거리 모퉁이에 서 있었기 때문입니다.

   그때 나는 미니 환상 가운데서 우리 교회 교인 중 한 부인이 거리를 걸어오고 있는 것을 보았습니다. 한 남자가 차를 몰고 와서 길 가장자리에 세우고는 경적을 울리는 것을 보았습니다. 그 부인이 차에 올라타자 둘이 함께 교외로 나가는 것이었습니다. 나는 차 뒷자리에 앉아있었습니다. 그들은 간음을 저지른 것이었습니다.

   갑자기 나는 다시 강단에 서 있다는 것을 깨닫게 되었습니다. 그 여자가 교회에서 내 앞에 앉아 있는 것을 보았습니다. 그런데 하나님께서는 그 사건을 사람 앞에서 폭로하도록 나에게 보여 주신 것은 아니었습니다. 사실 아무에게도 전혀 그 얘기를 하지 않았습니다. 하나님께서는 그 부인을 구원의 길로 돌아오게 하시려고, 즉 하나님과의 관계를 다시 맺도록 하기 위해서 그 장면을 보여 주신 것입니다.

또 한 번은 내가 알라바마(Alabania)에서 설교를 하고 있을 때 갑자기 기름부음이 내게 임하였습니다. 나는 미니 환상 가운데서 두 여자가 싸우고 있는 것을 보았습니다. 거리 아래쪽 한 블록쯤 떨어진 곳에 한 교회가 있는 것이 보였습니다. 교회 꼭대기에 그 교회의 이름이 보였습니다. 두 여자는 서로의 옷을 잡아 뜯고 있었는데 마침내 한 여자가 빠져나와 도망을 쳤습니다. 다른 여자가 교회 옆에 서 있는 흰색깔의 주택으로 들어갔습니다. 나는 그 여자와 함께 마당에 서 있었습니다. 그때 한 남자가 문간에 서 있는 것을 보았습니다. 그가 그 여자를 보더니 방충망을 내려 걸었습니다. 그 여자는 남자가 자기편을 들어 다른 여자를 잘 때려 주었다고 말해 주지 않는다고 남자에게 욕설을 퍼부었습니다. 그 여자는 방충망을 열고 들어가서 남자를 때리겠다고 위협했습니다. 남자가 문을 닫으려 하자 그 여자는 마침내 떠났습니다.

그리고 나는 다시 예배드리는 장소로 되돌아왔습니다. 거기에는 그 여자가 성령세례를 받기 원하여 안수기도를 받으려는 대열에 끼어 내 앞에 서 있는 것이었습니다.

나는 그녀를 보고 "부인께서 모든 행동을 바르게 하기 전에는 성령세례를 받을 수 없을 것입니다"라고 말하고는 내가 보았던 것을 그녀에게 말했습니다.

그 교회의 순복음 계열 목사님은 그런 식의 성령의 역사를 이해하지 못했습니다. 많은 교회가 책을 통해서는 성령의 은사를 믿으면서도 실제 행동으로는 믿지 않고 있는 것입니다.

그 목사님에게 성령 안에서 보았던 그 일을 이야기하자 목사님은 문간에 서 있었던 남자가 바로 목사님 자신이라는 것을 인정했습니다. 내가 본 그 싸움은 실제로 있었던 일이었습니다.

이제 성령님이 때때로 다른 방식으로 나와 함께 역사 하시는 얘기를 하겠습니다. 그러나 이런 일이 자주 있는 것은 아닙니다. 나는 내 자신이 교회 통로로 걸어 내려가 몇몇 사람들에게 안수하는 것을 '봅니다'. 내가 이렇게 안수를 하면서 사람들 옆으로 걸어갈 때 마치 좌석이 나를 그들에게로 끌어들이는 것 같습니다. 그럴 때마다 나는 발을 멈추고 그들에게로 가서 주신 직무를 수행하는 것입니다. 기름부음을 주신 하나님께 감사합니다.

스미스 위글스워스(Smith Wigglesworth) 목사님이 '나는 울타리를 쳐서 온 세상을 내가 소유하는 것보다 차라리 성령님이 내게 10분간 임하시는 것이 더 좋습니다'라고 말한 것을 읽었습니다. 그는 직무를 수행하게 하시는 성령의 기름부음에 대해 말하고 있는 것입니다.

성령의 뜻대로

　선지자(예언자)의 기름부음에 대해 몇 가지를 유의해 두는 것이 좋겠습니다. 때때로 사람들은 예언자의 직무 같은 하나의 직무에 몸담고 있으면 계속해서 그 일만 감당하는 것이라고 생각합니다.

　이러한 사람들은 성경에 있는 말씀을 제대로 읽지 않기 때문에 기름부음이 없는데도 직무를 수행하려 하는 과오를 범합니다. 사람들은 그저 육적으로 살면서 예언하여 하나님의 일을 왜곡시키고 있습니다. 그들은 생각하기를 어떤 목사는 예언의 직무를 감당하는 사람이므로 항상 하나님의 계시를 말하면서 돌아다니는 분이라고 생각합니다.

　나는 하나님의 기름부음을 받은 어떤 목사님을 알고 있습니다. 그 목사님이 기름부음 받은 것을 내가 의심하지 않는 것은 그분의 사역을 통해서 많은 초자연적인 역사가 일어나기 때문입니다. 그러나 그 목사님은 자신의 예언자의 직무를 감당하도록 하나님의 부르심을 받았다고 생각하여 자신은 항상 예언자의 역할을 해야 한다고 생각하고 있습니다.

　처음 그 사람을 만났을 때를 기억하고 있습니다. 그때 그는 30분 안에 주님으로부터 받은 열두 가지 말씀을 전했는데 그 말씀들 중에 한 마디도 옳은 얘기가 없었습니다. 그 얘기들은 교훈적인 가치도 없는 것이었습니다.

　가끔 나는 예언자의 직무를 감당하기도 합니다. 그래서

몇몇 사람들은 내가 항상 예언하는 일을 하는 것으로 생각하고 있습니다. 그런 사람들은 나를 만나보려고 거짓말까지도 서슴지 않습니다.

언젠가는 우리가 다른 지방에서 말씀을 전했는데 새벽 4시에 우리를 깨웠습니다. 긴급한 장거리 전화가 왔다는 것이었습니다. 우리는 친척 중의 어떤 분이 세상을 떠났던지 하는 등의 전화인 줄로 생각했습니다.

그런데 전화를 걸고 있는 사람은 어떤 여자였습니다.(가끔은 남자이기도 합니다.) 그 여자는 말했습니다. "해긴 목사님, 이렇게까지 하기는 정말 싫었지만 목사님과 통화할 수 있는 방법은 이 길밖에 없었습니다."(그것은 얄팍한 거짓말이었습니다.)

그 여자는 계속하여 "저는 기도를 하면서 목사님을 만나야겠다고 생각했어요. 목사님께서 저를 위해 한 마디 말씀을 해주실 것이라고 생각했어요"라고 말했습니다. 나는 "해줄 수 있다마다요"라고 말하고 싶었습니다. 하지만 그 여자에게 그런 말을 할 만한 배짱이 없었습니다.

사람들은 우리 목회자가 원하는 대로 예언의 능력을 켰다 컸다 할 수 있는 것으로 생각합니다. 하지만 그것은 성령의 뜻대로 행하는 것입니다. 그렇습니다. 예언을 하게 하는 기름부음은 잠재적으로는 항상 임재해 있으나 계속해서 나타나는 것은 아닙니다. 당신이 항상 준비하고, 말씀을 공부하며, 하나님의 영에 순종할 때에 그 직무를 감당할 수 있는 기름부음이 있을 것입니다. 그러나 항상 직무를 수행하는 것은 아닙니다.

다시 한 번 조용히 생각해 봅시다. 만일 당신의 직분이 교사라 하고, 항상 가르치는 직분을 수행해야 한다면 여러분은 하루 24시간을 가르쳐야 하며 그렇게 멈추지 않고 계속 가르치다가는 결국 죽고 말 것입니다. 아무리 부르심이 있고, 잠재적인 기름부음이 예언을 하게끔 임하셨다 해도 예언자의 직무를 실지로 하루 24시간 수행하는 것은 견딜 수 없는 노릇입니다. 인간의 육체는 그렇게 오랫동안 견딜 만한 정도의 영적인 힘을 소유할 수는 없습니다.

누가복음 4장에 보면 예수님께서 자신을 선지자라 하시며 유대인들이 구약성경을 통해 알고 있는 실례를 얘기해 주셨습니다. 선지자 엘리야의 얘기인데 하나님께서는 엘리야를 큰 흉년이 들었을 때 사렙다의 한 과부에게로만 보내셨습니다. 그곳에서 엘리야를 통해 기적들이 나타났습니다. 병에서는 기름이 계속 나오고, 통에서는 밀가루가 끊이지 않고 쏟아져 나왔습니다(왕상 17:14). 그렇지만 엘리야는 이스라엘의 다른 사람 집에는 들어갈 수 없었습니다. 하나님께서 하라는 말씀이 없으면 직분을 수행할 수 없었습니다.

또한 예수님께서 다른 이야기도 해주셨습니다. 엘리사 시대에 이스라엘에 많은 문둥이가 있었으며(눅 4:27), 엘리사도 병을 고치는 능력으로 명성이 있었음에도 문둥이 중의 한 사람도 고침을 받지 못하였습니다.

한 이스라엘에서 온 작은 소녀가 자기 주인 나아만이 문둥병에 걸렸을 때 다음과 같이 말했습니다. "우리 주인이 사마리아에 계신 선지자 앞에 계셨으면 좋겠나이다 그가 그 나병을 고치리이다"(왕하 5:3)

이스라엘의 문둥병자 중 단 한 명도 치료받지 못했으나 시리아의 나아만이 유일하게 문둥병을 고침 받았습니다.

우리 자신이 직접 기름부음을 조절할 수는 없다는 점을 기억하고 있어야 합니다. 우리는 성령님과 함께 움직이는 법을 익혀야 하며, 또한 성령의 기름부음을 받아 직무를 수행하는 법을 배워야 합니다. 나는 선지자의 기름부음을 사랑합니다.

엘리야도 선지자의 직무를 감당하기 위하여 기름부음을 받았지만 엘리사는 엘리야가 받은 기름부음의 두 배를 선지자의 직무를 감당하도록 받았던 것입니다. 이상에서 본 대로, 같은 직무를 행하더라도 어떤 사람은 다른 사람보다 더 많은 기름부음을 받을 수 있다는 것을 알 수 있습니다.

음악은 기름부음을 촉진시킨다

선지자의 직분을 수행하는데 음악이 어떠한 영향을 미치는가를 알아둘 필요가 있습니다. 열왕기하 3장을 보면 선지자 엘리사의 직무 수행에서 그 예를 찾아볼 수 있습니다.

구약 시대에는 오로지 선지자와 제사장과 왕만이 각기 그들의 직분을 감당하도록 성령의 기름부음을 받았습니다. 그 외의 사람들은 하나님께서 특별히 부르시지 않는 한 성령의 기름부음을 받지 못했습니다. 그러므로 사람들이 어떤 문제에 관해 하나님께로부터 응답을 받을 일이 있으면 선지자를 통하여 물었습니다.(구약 시대의 선지자의 직무는 오늘날의 것과는 차이가 있습니다.)

당시 두 개로 분열되어 있던 이스라엘 땅에 적이 쳐들어왔습니다. 유다 왕 여호사밧이 다른 두 왕-이스라엘 왕 여호람과 에돔 왕-과 상의를 하였는데 이 다른 두 왕은 하나님을 저버리고 타락한 왕들이었습니다.

여호사밧이 "우리가 여호와께 물을 만한 여호와의 선지자가 여기 없느냐"(왕하 3:11)라고 물었습니다. 이스라엘 왕의 신하 중의 한 사람이 엘리사에 관한 얘기를 하자 세 왕은 엘리사를 만나러 갔습니다.

> 열왕기하 3:13-14
> 13 엘리사가 이스라엘 왕에게 이르되 내가 당신과 무슨 상관이 있나이까 당신의 부친의 선지자들과 당신의 모친의 선지자들에게로 가소서 하니 [이는 그들이 하나님을 저버렸기 때문입니다] 이스라엘 왕이 그에게 이르되 그렇지 아니하니이다 여호와께서 이 세 왕을 불러 모아 모압의 손에 넘기려 하시나이다 하니라
> 14 엘리사가 이르되 내가 섬기는 만군의 여호와께서 살아 계심을 두고 맹세하노니 내가 만일 유다의 왕 여호사밧의 얼굴을 봄이 아니면 그 앞에서 당신을 향하지도 아니하고 보지도 아니하였으리이다

하나님께서 여호사밧의 얼굴을 인정하셨기 때문에 선지자 엘리사도 여호사밧의 얼굴을 인정한 것입니다. 하나님께서는 언제나 자기 백성을 위해서 많은 일을 하십니다. 여호사밧은 이 임박한 전쟁의 결과에 관해 예언을 해줄 것을 부탁했습니다.

엘리사가 거문고 연주자를 부르자 기름부음이 촉진되었습니다.

> 열왕기하 3:15-16
> 15 이제 내게로 거문고 탈 자를 불러오소서 하니라 거문고 타는 자가 거문고를 탈 때에 여호와께서 엘리사를 감동하시니[주님의 손이 엘리사에게 임하시니]
> 16 저가 가로되 여호와의 말씀이…

엘리사가 계속해서 하나님께서 그에게 말씀하신 승리의 소식을 말해주었습니다. '주님의 손이 그에게 임하시니.' 여기서 주의를 기울여야 할 것은 '주님의 손'이란 성령님이며 또한 기름부음이라고 볼 수 있습니다.

엘리사도 자신이 원하는 때에는 언제든지 예언을 시작할 수 없다는 점을 주목하기 바랍니다. 그는 '거문고 탈자를 불러 오소서'라고 했습니다. 그리고 거문고 타는 자가 거문고를 탈 때에 주님의 손이 엘리사에게 임하셨습니다.

음악은 고린도전서 12장 28절에 열거한 은사 중 돕는 은사에 속합니다. 찬양 사역은 돕는 은사 중 가장 큰 은사의 하나입니다. 찬양의 직무를 수행하게 해주신 하나님께 감사합니다.

성경은 찬양을 예배와 관련시켜 많이 말씀하고 있습니다. 음악은 우리가 하나님을 경배하는 데 도움을 줍니다. 집에서 기도를 할 때나 성경을 공부할 때 좋은 찬양의 음악이 있으면 큰 차이를 낼 수 있습니다. 다윗이 거문고를 타면서 노래를 할 때 사울 왕을 괴롭히던 악령이 떠났습니다.

음악은 모든 은사의 직무 수행에 영향을 미칩니다. 음악은 모든 은사의 직무를 수행하도록 하는 기름부음과 관련이 있습니다. 음악은 모든 직분의 사역자들 – 반드시 선지자(예언자)뿐 아니라 – 을 돕습니다. 왜냐하면 모든 사역자들은 성령의 기름부음을 받아 직분을 수행해야 하기 때문입니다.

좋은 음악과 노래는 교사가 더 잘 가르칠 수 있도록 도움을 줍니다. 그러나 음악은 다른 어떤 직무 수행보다 선지자의 직무 수행과 더 관련이 있는 것 같습니다. 왜냐하면 선지자는 성령님의 하시는 일에 가장 민감해야 하기 때문입니다.

거문고 타는 자가 거문고를 연주하자 '주님의 손', 즉 기름부음이 선지자 엘리사에게 임하여 엘리사가 예언을 하기 시작했던 것을 우리는 알고 있습니다.

어떤 때에는 예언자의 직분을 감당하라는 기름부음이 너무 강력해서 나는 아무런 도움도 필요 없이 바로 예언을 할 수 있는 경지로 들어가기도 합니다. 그러나 다른 때에는 엘리사처럼 나도 다소간의 도움을 필요로 합니다.

  그래서 나는 가끔 찬양단이 연주하고 노래하도록 합니다. 그렇지만 그들이 잘못된 노래를 하면 오히려 기름부음과 예배를 망쳐버리고 맙니다. 가사와 곡조와 리듬은 적절할지 몰라도 노래가 부적절할 때도 있는 것입니다.

  이렇게 되면 하나님의 영이 나로부터 떠납니다. 성령님은 마치 새가 날아가 버리듯 가버리십니다. 아니, 성령님이 믿는 자인 내 안에 거하시기를 그만 둔다는 뜻이 아니라, 직무를 수행하도록 하시는 기름부음이 떠난다는 것입니다.

  음악은 기름부음에 영향을 줍니다. 거문고 이야기에서 우리는 이러한 사실을 간과하고 있습니다. 많은 경우에 있어 음악가들은 자신의 책임을 깨닫지 못하고 있습니다. 음악가들은 돕는 직무를 간과하고 있습니다. 그들은 돕는 직무를 감당합니다. 음악가들도 설교자들과 마찬가지로 기도하고 기름부음도 받아야 할 필요가 있습니다. 음악가들은 성령님에 대한 민감성을 길러 성령님과 함께 움직일 줄 알아야 합니다.

  노래하는 사람들도 자리에서 일어서서 노래만 하면 그만인 식이어서는 안 됩니다. 그들도 기름부음을 받아야 할 필요가 있습니다. 성가대도 기름부음을 받아야 합니다. 그런데 사람들은 노래로 사역하기 전에 잠시 멈추어 기도하려고 하지 않습니다. 사람들은 일상생활을 하다가 그저 웃고 얘기하며 교회로 들어섭니다. 물론 우리에게 교제가 필요한 것이므로 그 자체로는 좋은 일입니다. 그러나 그것은 정말 세속적인 것일 뿐 전혀 영적인 생활이 못됩니다. 노래하는 사람들이 노래로서 직무를 수행하기 이전에 하나님과 함께 하는 시간을 갖거나 모두 함께 기름부음을 받도록 기도할 시간을 갖는 것이 중요합니다.

나의 경험으로는 음악가들이 진정 성령님과 함께 움직이면 그들의 음악은 내가 예언자의 직분을 수행하도록 기름부음이 더욱 강하게 임하게 하는 원동력이 됩니다.

그렇기 때문에 성경에서 거문고가 연주될 때 주님의 손이 움직이셨다고 말할 때 나는 그 뜻이 무엇인가를 이해할 수 있습니다. 내가 올바른 음악을 들었을 때 예언자의 직무수행에 깊이 빠져 무려 세 시간 동안 예언을 한 적도 있습니다. 예언이 그냥 내게서 흘러나왔습니다. 그렇지만 매번 그런 식의 예언이 가능한 것은 아닙니다. 왜냐하면 비록 내가 어느 정도의 기름부음을 받아 예언의 직무를 수행한다 하더라도 내가 받는 기름부음은 한도가 있기 때문입니다.

올바른 찬송

1958년 캔자스(kansas) 시에서 개최된 포스퀘어(Foursquare) 교단 총회에서 나는 주제 발표 강사로 초대되었습니다. 그날 밤 예언의 영이 내게 임하셨습니다. 예언의 영을 내게 임하게 할 수는 없습니다. 그러나 그 영이 내게 임하실 때 나는 그 영에 순종하고 음악이 나를 도와줍니다.

그 총회에서는 다른 여러 교회에서 모인 사람들로 구성된 오케스트라가 있었습니다. 나는 그들에게 "예언자의 기름부음이 내게 임하시고 있습니다! 무엇인가 좀 연주를 해주십시오"라고 말했습니다. 그러자 그들은 에이미 샘플 맥퍼슨(Aimee Semple MacPherson)이 작곡한 "주님의 말씀을 전파하라"라는 곡을 연주했습니다.

기름부음이 내게 임했고 나는 그 기름부음 아래서 밤 아홉 시부터 열두 시까지 세 시간 동안 예언을 했던 것입니다. 아, 얼마나 감격스러운 예배였던지! 나는 영광 가운데 완전히 사로잡혀 있었습니다. 절반 동안은 아무 것도 볼 수가 없었습니다. 방 전체에 마치 몽롱한 구름이 끼어 있는 것 같았습니다. 오늘날까지도 나는 그날 내가 무엇을 했고 무슨 말을 했는지 모르고 있습니다. 나는 단지 기름부음이 임한 때와 사라진 때만을 기억할 뿐입니다.

음악가들이 잘못된 찬송을 연주했다면 모든 것을 다 사라져 버리게 했을 것입니다.

찬양하는 사람들이나 연주자들도 사역자만큼이나 성령과 조화를 이루도록 하는 것이 필요합니다. 그렇지 못하다면 차라리 음악 하는 사람들이 예배에 참석하지 않는 편이 예배를 더 잘되게 할 수도 있습니다!(이것이 바로 가끔 내가 아무 노래도 하지 못하게 하는 이유입니다.)

물론 다른 요소들도 이와 마찬가지로 기름부음에 영향

을 미칩니다. 가끔 선지자의 영이 내게로 임하다가는 무엇인가에 의해 사라져 버리기도 합니다. 그것은 환경 탓이거나 어떤 특정한 사람이 그 자리에 있기 때문이라고 생각합니다.

결국 엘리사는 '만일 여호사밧이 아니었으면 너희 다른 두 왕과 관계되는 일인 한 나는 당신들을 보지도 아니하였으리라' 라고 말했습니다. 왕이 타락한 상태에서 그 자리에 있었기 때문에 엘리사도 약간의 도움을 필요로 했던 것입니다.

그래서 '거문고 탈 자를 불러 오소서' 라고 엘리사는 말했던 것입니다.

주님의 손

구약성경에는 거듭해서 '주님의 손' 에 관한 언급이 나옵니다. 사실상 이것이 성령님이요, 기름부음입니다. 흔히 쓰이는 또 다른 말로 "영", "갑절의 영감", 그리고 "겉옷" 등이 있습니다. 이 모두가 성령 혹은 하나님의 기름부음을 가리키는 말입니다.

> 에스겔서 8:1
> 여섯째 해 여섯째 달 초닷새에 나는 집에 앉았고 유다의 장로들은 내 앞에 앉아 있는데 주 여호와의 권능[손]이 거기에서 내게 내리기로

에스겔에게는 이미 하나님의 부르심이 있었습니다. 즉 에스겔이 직분을 수행하도록 하나님의 손(권능)이 그에게 잠재해 있었습니다. 그렇지만 주님의 손(권능)이 그에게 임하기까지는 그의 선지자적 직무 수행이 나타나지 않았습니다.

성경은 또한 성령이 '내리기로' 라고 표현하고 있습니다. 사도행전 10장 44절을 보면 베드로가 고넬료와 그의 가족에게 설교하는 대목에서 "베드로가 이 말을 할 때에 성령이 말씀 듣는 모든 사람에게 내려오시니"라고 쓰여 있습니다.

'주님의 손' 이라는 표현이 에스겔서 37장과 40장에 또 나와 있습니다.

에스겔서 37:1
여호와께서 권능[손]으로 내게 임재하시고 그의 영으로 나를 데리고 가서 골짜기 가운데 두셨는데 거기 뼈가 가득 하더라 [에스겔이 소위 우리가 마른 뼈의 계곡이라고 하는 환상을 본 것입니다.]

에스겔서 40:1-2
1 우리가 사로잡힌 지 스물 다섯째 해, 성이 함락된 후 열넷째 해 첫째 달 열째 날에 곧 그 날에 여호와의 권능[손]이 내게 임하여 나를 데리고 이스라엘 땅으로 가시되
2 하나님의 이상 중에 나를 데리고 이스라엘 땅에 이르러…

에스겔이 예언을 할 때 정확한 날짜와 시간을 말하는 것

을 보면 나와 흡사한 점이 많은 것 같습니다.(아니면 내가 에스겔을 닮은 것이겠지요.) 사람들은 내가 가르칠 때나 설교할 때 어떻게 그 모든 시간과 날짜를 기억하느냐고 묻습니다. 어떻게 기억이 나는가 하면 내가 과거에 있었던 어떤 일을 언급하면 그 시간과 날짜가 나의 영으로부터 –내 안에서부터– 마음속으로 떠오릅니다. 그렇게 되면 즉시 그 일시를 알 수가 있게 됩니다. 나도 에스겔 선지자가 시간과 날짜를 얘기하는 것과 똑같은 식으로 할 뿐입니다. 그러한 능력은 선지자에게 주어지는 것입니다.

  에스겔서 33장에는 좀 흥미 있는 다른 부분이 있습니다.

> 에스겔서 33:22
> 그 도망한 자가 내게 나아오기 전날 저녁에 여호와의 손이 내게 임하여 내 입을 여시더니 다음 아침 그 사람이 내게 나아올 그 때에 내 입이 열리기로 내가 다시는 잠잠하지 아니하였노라

이 이야기에 따르면 주님의 손이 그날 아침이나 낮에는 임하지 않았다는 것입니다. 주님의 손은 도망한 자가 그를 찾아오기 전날 저녁에 그에게로 임했던 것입니다. 선지자 에스겔은 한 마디 말도 않고 입을 벌린 채로 밤을 새우며 도망한 자가 오기 전까지 벙어리처럼 말없이 있었던 것입니다. 그가 오고 나서야 에스겔은 말을 할 수 있었습니다.

표적과 기사(奇事)

여러분은 사도행전에 있는 다음과 같은 말씀을 읽고 의아해 본 적이 있습니까? "사람마다 두려워하는데 사도들로 말미암아 기사와 표적이 많이 나타나니"(행 2:43)

나는 오순절 교회에서 나오는 많은 간행물들을 읽고 있습니다. 그 교파의 초창기 목사들 몇 명은 에스겔과 비슷한 체험을 했다고 합니다. 어떤 목사는 입을 연 채로 하루를 서 있었다고도 하고 어떤 사람은 그와 비슷한 상태로 밤새 서 있었다고도 합니다.

여러분은 다음과 같은 질문을 던질지도 모릅니다. "왜 하나님은 그런 일을 하실까요? 왜 주님의 손이 에스겔에게 임하셔서 저녁 내내 입을 벌리고 있게 하셨을까요?" 우리가 하나님께 이래라 저래라 할 수는 없습니다. 이러한 점을 우리는 간과하고 있습니다. 세례 요한의 아버지 사가랴는 제사장이었는데 곧 그와 그의 아내 사이에서 아들이 날 것이라는 가브리엘 천사의 말을 믿지 못했습니다. 그러자 사가랴는 벙어리가 되어 요한이 태어나고 나서야 입을 열게 되었습니다(눅 1장). 사가랴가 아픔이나 질병으로 벙어리가 된 것이 아니라 하나님의 손이 그에게 임했기 때문이었습니다.

주님의 손에 관한 다른 예로, 엘루마가 '소경'이 된 얘기가 있습니다. 엘루마는 마법사였는데 한번은 바울의 선교 여행 중 바울을 대적하여 방해했습니다. 그때 바울은 말하기를 "보라 이제 주의 손이 네 위에 있으니 네가 맹인이 되어 얼마 동안 해를 보지 못하리라"(행 13:11)라고 말했습니다.

엘루마가 병에 걸리도록 치신 것이 아닙니다. 하나님의 영은 절대로 누구든지 병이 걸리도록 치시지 않습니다. 그렇게 하신 적은 한 번도 없습니다! 엘루마는 그에게 임한 하나님의 권능으로 인해 맹인이 되어버린 것입니다.

내가 사역을 하는 동안에도 이러한 일이 생기는 것을 봐왔습니다. 또한 우리가 하나님의 영과 더불어 더 잘 조화를 이루는 법을 배움으로써 마지막 날에는 이러한 일들이 더 크게 역사 하는 것을 하나님께서 보여 주시리라고 나는 확실하게 믿고 있습니다.

성령의 권능으로 벙어리 됨

가끔 내가 설교를 하고 있을 때 하나님의 영이 내게 임하여 나의 주의를 사로잡곤 합니다. 그러면 나는 한 마디도 영어로 말을 할 수 없게 되어 버립니다. 방언으로는 얘기할 수 있어도 영어로는(아무리 하려고해도) 말할 수 없게 됩니다. 생각은 영어로 해도 영어로는 말이 나오지 않는 것입니다. 도무지 할 수가 없습니다. 나는 가끔씩 그런 상태로 몇 시간씩 있기도 합니다.

1981년 집회에서 이런 역사가 일어났습니다. 그저 영어로 말을 할 수가 없었습니다. 그런 상태로 최고 오래 있었던 것은 그 다음 달인 1981년 8월 캘리포니아 잉글우드시에 있는 프레드 프라이스(Fred Price) 목사님의 교회에서였습니다. 내가 맡은 설교를 마치고 환자에게 안수를 하고 있을 때 갑자기 그런 기름부음이 임했습니다. 그러자 나는 영어를 한 마디도 할 수가 없었습니다. 돌아서서 나는 프레드 목사님에게 방언으로 말을 했습니다.(영어로는 말을 할 수 없었지만 방언으로 말을 할 수는 일었습니다.) "목사님이 어서 저 사람들에게 안수하여 치료 받으려고 줄을 서 있는 저 사람들을 위해 마무리를 해주십시오."

프레드 목사님은 마치 내가 영어로 말한 것처럼 알아들었습니다. 그 목사님도 내게 방언으로 말했습니다. 그런데 내게도 그의 방언이 영어로 얘기하는 것처럼 들렸습니다. 하지만 다른 사람들에게는 우리의 대화가 방언으로 들렸습니다. "좋아요. 목사님의 손가락을 내 두 손 안에 얹어 주십시오. 그러면 같은 기름부음을 받아 내가 안수하는 직무를 수행할 수 있을 것입니다. 내가 저 사람들을 위해 기도하겠습니다." 내가 그의 말을 따라 행하자 프레드 목사님은 안수를 하기 시작했습니다. 그랬더니 마치 전보다도 훨씬 강한 권능의 파도가 이는 것 같았습니다. 나는 거기서 모든 것을 지켜보았습니다. 그러나 여전히 영어로 말을 할 수는 없었습니다.

예배를 마치고 우리는 프레드 목사님의 집으로 친교도 나눌 겸 식사를 하러 갔습니다. 무엇인가 말을 하려고 시작했는데 여전히 방언으로만 말할 수 있었습니다. 식사를 하려고 모여 앉았어도 나는 여전히 프레드 목사님과 그의 가족들에게 말을 할 수가 없었습니다. 나는 내가 다시 영어로 대화할 수 있는 상태로 되돌아갈 수 있을까 하는 의혹이 일기 시작했습니다.

프레드 목사님의 집에서 한 시간 반쯤 지낸 뒤에 다시 영어가 되돌아 왔을 때 처음은 한두 마디 정도밖에 말이 나오지 않았습니다. 여전히 말을 붙여 문장을 만들 수가 없었습니다.

설교할 때나 가르칠 때 기름부음이 강하게 내려오면 이와 비슷한 현상들이 약한 형태로 여러 번 일어나곤 했습니다. 영어로 말을 할 수 없는 것은 내가 원하고 아니고의 문제가 아닙니다. 영어로 생각은 할 수 있습니다. 그러나 말은 방언으로만 나옵니다. 이러한 일은 우리의 영으로부터 나오는 일입니다.

10대 시절에 나는 몸이 마비되어 침상에 누워 있어야만 했습니다. 혀도 점점 마비되어 갔고, 목구멍도 부분적으로 마비가 되었습니다. 내 주위에서 나와 함께 지낸 사람들만 내 말을 알아들을 수 있었습니다. 성령이 아주 강하게 내게 임하실 때는 내 몸이 마비되었다는 사실 외에는 그때와 느낌이 거의 똑같습니다.

이렇게 벙어리가 되게 하는 목적이 무엇일까요? 성령이 에스겔에게 저녁에 임하셔서 그 도망자가 아침에 올 때까지 밤새 입만 벌리고 지새게 하신 목적이 무엇일까요? 성경은 그 목적이 무엇인지 말해 주지 않습니다.

나의 개인적인 생각으로는 이런 일들은 일종의 표적으로 이러한 일이 있음으로 다가올 일에 대비하게끔 하는 것입니다.

앞으로 우리에게 내려질 기름부음에는 아직 우리가 경험해 보지 못한 여러 면이 있을 것이라고 생각합니다. 다시 말해, 기름부음의 사용, 기름부음의 목적, 기름부음의 활용, 기름부음 아래에서의 사역, 기름부음의 전달이나 전이 등에 여러 가지 다른 면이 있다는 뜻입니다. 한편으로는 선한 일을 행하며 축복을 가져오지만 또 다른 한편으로는 복음을 가로막고 방해했던 엘루마와 같은 사람들에게 심판을 내리기 위함입니다.

선견자의 직무

성경에는 가끔 선지자를 "선견자"라 부른다. 선견자들은 보기도 하고 알기도 합니다. 우리들이 여행을 하면서 성도들의 집에 머무를 때면 내게는 이러한 직무를 행하게 되는 경우가 많이 있곤 했습니다.

사실은 여태껏 어떤 사람의 집에 머무를 때마다 하나님께서 내게 어떤 임박한 비극을 경고해 주지 않으신 적이 없었습니다. 그 가족 중에서 2년 내에 누군가의 죽음이 있으면 하나님께서 내게 말씀해 주시곤 했습니다. 때로는 그 일을 미리 알고 바꿀 수도 있었지만 그럴 수 없을 때도 있습니다. 하나님은 단지 그런 일에 대비하게끔 하십니다.

　몇 년 전에 캘리포니아 주에 있는 친구들을 위해 설교를 하고 있었는데 집회 마지막 날 밤에 친구 부부는 나쁜 소식을 접하게 되었습니다. 오레곤(Oregon) 주에 있는 외갓집에 놀러 간 16세 된 손녀가 포틀랜드(Portland)에서 버스를 탔는데 그 버스가 로스앤젤레스(Los Angeles)에 도착했을 때는 그 손녀가 없었다는 것이었습니다. 마침내 버스 회사는 그녀의 흔적을 좇아 네바다 주의 리노(Reno)시까지 추적했지만 거기에서부터 더 이상 알 길이 없었습니다. 할머니는 울음을 터뜨렸고 도저히 진정이 되지를 않았습니다. 할머니는 손녀를 다시 볼 수 없을 것이라고 믿었던 것입니다. 가슴이 찢어질 노릇이었습니다.

　내 아내와 나는 할머니를 달래려고 애썼습니다. 나는 할머니로부터 약 3피트 정도 떨어진 곳의 의자에 앉아 있었습니다. 나는 두 눈을 크게 뜨고 내가 갑자기 리노의 버스 정류장 앞에 서 있는 것을 보았습니다. 나는 한 번도 그 곳에 가본 적이 없었는데도 리노의 모습을 정확히 알게 되었습니다. 그 때 보았기 때문입니다.

　나는 어떤 버스 뒤에 서 있었습니다. 또 다른 버스가 와서 서는 것을 보았습니다. 앞면에는 "로스앤젤레스 행"이라고 붙어 있었습니다. 그 때 버스에서 그 금발머리 소녀를 포함해서 사람들이 내리는 것을 보았습니다. 그런데 다른 승객들은 다시 그 차로 되돌아오고 있었지만 그 소녀는 그만 그 앞에 서 있는 버스에 올라타는 것이었습니다.

나는 그 할머니를 보고 말했습니다. "자매님, 자매님, 자매님의 손녀가 버스를 잘못 탔습니다."

할머니는 "분명해요?"라고 물었습니다.

"예, 제가 소녀를 봤어요. 버스를 잘못 탄 겁니다."

할머니가 다시 물었습니다. "확실합니까?" 내가 말했습니다. "제 말이 틀린다면 나의 생명을 걸겠습니다. 저의 25년간의 목회생활을 다 걸고 확신합니다."

아니나 다를까 예배가 끝나자 버스 회사의 한 책임자가 전화를 걸어 왔습니다. "할머님의 손녀를 솔트레이크 시에서 찾았습니다. 버스를 잘못 탔더군요. 새벽 네 시에 손녀가 여기로 돌아올 겁니다."

하나님 감사합니다. 성령님은 알고 계십니다.

할머니의 눈물 사이의 반짝이는 미소만으로 다른 보상을 받지 않아도 충분했습니다.

제 10 장

사도의 기름부음
(The Anointing of the Apostle)

사도의 직무에 대해 성경에서 가장 주목할 만하게 언급한 부분은 우리가 제 1장에서 보았듯이 예수 그리스도 자신이 이 직무를 온전히 감당하신 것입니다.

"사도"라고 번역되는 희랍어 아포스톨로스(apostoless)는 "보냄 받은 자, 파송된 자"를 뜻합니다. 예수 그리스도는 보냄 받은 자의 가장 위대한 예입니다.

> 요한복음 20:21
> 예수께서 또 가라사대 너희에게 평강이 있을지어다 아버지께서 나를 보내신 것 같이 나도 너희를 보내노라

진정한 사도란 항상 위탁받은 임무를 가진 사람이며, 단순히 가기만 하는 사람이 아니라 보내어진 사람입니다. 사도행전 13장에서 그 예를 찾아볼 수 있는데 바나바와 바울이 사도가 되어 이방인들에게 보내어집니다.

또한 성경은 사도의 표적을 밝히고 있습니다.

고린도후서 12:12
사도의 표된 것은 내가 너희 가운데서 모든 참음과 표적과 기사와 능력을 행한 것이라

여기서 사도의 '표적'이란 표적과 기사와 능력입니다. 이 직분을 감당하기 위해서는 주님과 개인적인 체험을 가져야만 합니다. 이 체험은 평범한 것 이상으로 깊고 실제적인 것입니다. 이것은 전해 들은 것이나 전통적으로 전해져 내려오는 것이 아닙니다.

사도 바울이 자신의 사도됨을 변호하면서 "내가 자유자가 아니냐, 사도가 아니냐, 예수 우리 주를 보지 못하였느냐?"라고 말한 것을 주시해야 합니다(고전 9:1).

바울은 열두 제자가 본 것처럼 육신의 모습을 가지신 예수님을 본 것이 아닙니다. 바울은 영적인 환상 가운데서 예수님을 본 것입니다(행 9:3-6). 바울은 주님과의 깊은 영적 체험을 가졌던 것입니다. 바울의 개종조차도 범상치 않은 것이었습니다.

사실 바울이 주님과 그토록 깊은 영적 체험을 가졌기 때문에 주님의 성찬식에 대해 그가 알고 있는 것에 대해 말할 때, "내가 전한 것은 주께 받은 것이니"(고전 11:23)라고 말할 수 있었던 것입니다. 바울이 주님의 성찬에 대해 알고 있는 것은 다른 사도들로부터 배워서 알게 된 것이 아니었습니다. 바울은 그것을 계시로 알게 되었습니다. 예수님께서 그에게 그 계시를 주셨던 것입니다.

바울이 전파한 복음도 사람들에게서 배운 것이 아니었습니다. 하나님의 영이 그에게 복음을 가르쳐 주신 것이었습니다. 그는 다음과 같이 말했습니다. "형제들아 내가 너희에게 알게 하노니 내가 전한 복음이 사람의 뜻을 따라 된 것이 아니라. 이는 내가 사람에게서 받은 것도 아니요, 배운 것도 아니요, 오직 예수 그리스도의 계시로 말미암은 것이라"(갈 1:12-13)

사도의 일은 터를 닦는 일입니다.

> 고린도전서 3:10
> 내게 주신 하나님의 은혜를 따라 내가 지혜로운 건축자와 같이 터를 닦아두매 다른 이가 그 위에 세우나 그러나 각각 어떻게 그 위에 그 위에 세우기를 조심할지니라

> 에베소서 2:20
> 너희는 사도들과 선지자들의 터 위에 세우심을 입은 자라 그리스도 예수께서 친히 모퉁이 돌이 되셨느니라

최초의 열두 사도가 복음의 가장 초기의 개척자요 복음 전파자로서 교회의 터전을 놓았던 것입니다. 그들은 또한 성령을 받음으로써 교회의 터를 닦았던 것입니다.

사도의 직무는 다른 모든 사역의 은사들을 포함하는 것 같습니다. 가장 특이할 만한 결과는 교회를 세우는 능력입니다.

사도는 고린도전서 12장 28절에 언급된 "다스림"(governments)이라고 불리는 초자연적인 능력을 갖고 있

습니다.(웨이 마우스 성경은 이 은사를 "조직하는 능력"이라고 번역했습니다.)

교회가 설립된 이후에 사도들은 그들이 세운 교회에 대해 권위를 행사할 수 있었습니다(고전 9:1-2).

사람들을 지배하고 다스리기를 원하는 사람들 중에 자신을 사도라 자처하는 사람들이 많이 있습니다. 그들은 "나는 사도이므로 권위를 갖고 있습니다. 당신들은 내가 하라는 대로 해야 합니다"라고 말합니다.

신약 시대에 사도들은 자기 자신이 세운 교회에 대해서만 권위를 행사할 수 있었습니다. 예를 들어 바울은 예루살렘에 있는 어떤 교회나 다른 사도들이 세운 교회에 대해서는 권위를 행사하지 않았었습니다.

이러한 직분들은 능력에 달린 것이지 직함에 있는 것이 아니라는 점을 명심해야 합니다. 만약 교회를 세우는 능력이 없다면 그런 사람들은 사도가 아닙니다.

정말 하나님께로부터 부름을 받고 성령님에 의해 보내심을 받은 선교사가 사도입니다.

사도행전 13장 2절에서 성령님은 이렇게 말씀하셨습니다. "내가 불러 시키는 일을 위하여 바나바와 사울[바울]을 따로 세우라" 4절에서 또 말씀하시길 "두 사람이 성령의 보내심을 받아"라고 하셨습니다. 그들은 "보내심을 받은" 자들이었습니다. 그들은 이방인들에게로 첫 번째 선교 여행을 떠났습니다.

신약성경에는 선교사에 대한 언급이 없지만, 그것은 중요한 직무입니다. 그 직무는 사도의 직무에 포함됩니다.

선교사는 사역 은사를 모두 갖게 될 것입니다.

그는 복음전도자의 일을 담당하여 사람들이 구원을 받도록 할 것입니다. 교사의 일을 담당하여 사람들을 가르치고 세울 것입니다. 그는 목사의 일을 담당하여 얼마간 교회에서 목회를 하며 목자로서 양들을 돌볼 것입니다.

사도 바울의 일생을 자세히 연구해 보면 우리는 그가 다른 사람이 닦아 놓은 터 위에 교회를 세운 적이 없다는 것을 알게 될 것입니다. 그는 그리스도의 이름이 알려져 있지 않은 곳에 복음을 전하려 애썼으며(롬 15:20), 항상 6개월 내지 3년까지만 한 곳에 머물렀습니다. 바울의 진정한 소명은 목사가 되는 것이 아니었지만 그는 그 곳에서 그의 개종자들이 진리 가운데서 설 수 있도록 다음 장소로 옮겨가기 전에 한 곳에 충분히 오래 머물렀습니다.

어떤 사람들은 오늘날에도 사도가 있는지 궁금히 여깁니다. 어느 누구도, 심지어 바울까지도 최초의 열두 사도와 같은 의미에서의 사도는 될 수는 없습니다. "어린 양의 열두 사도"(계 21:14)만 있을 뿐입니다.

사도의 자격에 대해서는 사도행전 1장에 열거되어 있는데, 열두 제자가 유다를 대신하기 위해 한 명의 사도를 뽑았을 때입니다. 21-22절에서 보듯이 어린 양의 열두 사도 중의 한 사람이 되기 위해서는 예수님의 공생애 3년 반 동안 예수님과 사도들을 동행했어야 했습니다.(바울은 그들과 동행하지 않았습니다.)

또한 원래의 열두 사도는 "보내심을 받은 자들"로서 그리스도의 사역과 역사와 삶과 죽음, 매장과 부활, 그리고 승천을 목격한 자들이었습니다. 그들은 다른 어떤 사도들이나 사역자들이 설 수 없는 위치에 서 있었습니다.

그러나 바나바, 바울 그리고 다른 여러 사람들이 사도라 칭함을 받았다는 의미에서는 오늘날에도 사도는 존재합니다.

에베소서 4장 11절에 열거된 것을 보면 "그가 혹은 사도로, 혹은 선지자로"라고 기록되어 있습니다. 만약 하나님께서 이렇게 열거된 직분 중에서 어느 한두 직분을 빼버리셨다면 하나님께서는 그들에게 잠시 동안만 그 직분을 주셨던 것이라고 성경에 기록되었어야만 합니다.

모든 사역의 은사들은 성도들을 온전하게 하고 사역을 수행하게 하며 그리스도의 몸을 세우기 위해서 주어진 것입니다. 사도들도 이러한 은사를 받은 자들입니다. 감사하게도 사도의 직책은 오늘날에도 존재합니다!

그러면 하나님께서는 언제까지 사역의 은사들을 주셨습니까? 에베소서 4장 13절에 의하면 그 모든 은사는 "우리가 다 하나님의 아들을 믿는 것과 아는 일에 하나가 되어 온전한 사람을 이루어 그리스도의 장성한 분량이 충만한 데까지" 이를 때까지 주어진다고 했습니다.

요약하면 오늘날 우리가 사도에게서 찾을 수 있는 네 가지 특징은 다음과 같다.

1. 현저한 영적 은사들
2. 개인적인 깊은 체험
3. 교회를 세울 수 있는 능력과 역량
4. 적절한 영적 지도력을 발휘할 수 있는 역량

만약 하나님께서 여러분을 사도가 되라고 부르셨다고 생각한다면 그것 때문에 고심하지 마십시오. 어쨌든 여러분은 당장 거기에서 시작할 수는 없는 일입니다. 바울도 그러지 않았습니다. 사도행전 13장 1절에 이르기를 "안디옥 교회에 선지자들과 교사들이 있으니 곧 바나바와 니게르라 하는 시므온과 구레네 사람 루기오와 분봉 왕 헤롯의 젖동생 마나엔과 및 사울이라"라고 했습니다. 이들 각자는 선지자이거나 교사였고 혹은 선지자이면서 교사였습니다. 어떤 사람은 한 가지 이상의 직분을 수행할 수도 있습니다. 그러나 누구든지 자신의 뜻대로 직분을 수행하지는 않습니다. 그것은 하나님의 뜻하시는 대로 그리고 하나님께서 기름 부으신 대로 수행하는 것입니다.

바나바는 교사였습니다. 사울(바울)은 선지자이자 교사였습니다. 왜냐하면 선지자는 환상과 계시를 받는 사람인데 바울은 모든 복음을 그런 식으로 받았기 때문입니다. 바울은 모든 것을 초자연적으로 보고 알았기 때문에 구약에서였더라면 그는 "선견자"(seer)라 불렸을 것입니다.

사도행전 13장 2절에서 보았듯이 성령은 "내가 불러 시키는 일을 위하여 바나바와 사울을 따로 세우라"라고 말씀하셨습니다. 그들은 하나님께서 그들에게 명하신 일을 즉시 시작하지 않았습니다. 그들은 다시 금식하며 기도했고 그리고 다른 사역자들이 그들에게 안수한 후 그들을 파송했으며, 그 후에야 그들은 이방인들에게 복음을 전하는 사도 및 선교사가 되었던 것입니다.

바울이 사도였던 것과 마찬가지로 바나바도 사도로 여겨집니다. 왜냐하면 사도행전 14장 14절에 "두 사도 바나바와 바울이…"라고 했기 때문입니다.

바울은 그의 첫 번째 전도 여행 중 루스드라에서, 나면서 앉은뱅이가 되어 걸어본 적이 없는 사람을 치료해 주었습니다(행 14:8). 그러자 그 도시 사람들이 "신들이 사람의 형상으로 우리 가운데 내려오셨다"(행 14:11)라고 외치면서 바울과 바나바를 경배하려고 했습니다. 바울과 바나바는 또 다른 직분, 즉 사도의 직분을 수행했습니다. 그래서 더 강한 기름부음이 임했는데, 사도의 직분을 감당하기 위해서는 더 강한 기름부음이 필요했기 때문입니다.

명성이나 직함에 현혹되어서는 안 됩니다. 만일 하나님께서 나에게 무슨 소명을 주시려고 나를 부르셨는지 내가 모른다 하더라도 나는 그것 때문에 잠시라도 고민하지 않을 것입니다. 만약 내가 내 속사람 가운데서 하나님의 부르심을 감지한다면 나는 단지 설교하고 가르침을 계속함으로써 결국에 가서는 하나님께서 나를 위해 예비하신 그 직분까지 인도되도록 할 것입니다.

바나바와 바울도 처음부터 사도의 직분을 시작하도록 준비되어진 것이 아니었지만, 결국 그들은 사도의 직분으로 인도 받았다는 것을 유념하시기 바랍니다.

다음과 같은 사항을 명심해야 합니다. 즉 하나님께서는 성실성을 보고 상을 주시지 직분을 보고 상을 주시지는 않습니다. 선지자라고 해서 자기 일에 성실했던 문지기보다 더 많은 보상을 받지는 않습니다.

직분이 높을수록 더 많은 상을 받는 것은 아닙니다. 단지 더 큰 책임이 있을 뿐입니다.

(오중 사역과 다른 여러 가지 사역의 은사들을 깊이 공부하고 싶은 분은 『사역의 은사』(The Ministry Gift)를 읽어 보기 바랍니다.)

제 11 장
기름부음을 증가시키는 방법
(How To Increase the Anointing)

당신이 어떤 직분이나 사역으로 부름을 받았다면, 당신이 알든 모르든 당신에게는 기름부음이 임한 것입니다.

우리가 어떤 직분을 감당하든, 혹은 무엇을 하도록 부름을 받았든, 우리가 어느 정도의 기름부음을 받느냐는 것은 우리가 어떻게 하느냐와 관계가 있을 수 있습니다. 우리는 이 기름부음을 받기 위해 스스로 준비할 수 있습니다. 만약 기름부음이 당신 위에 임하지 않는다면 그것은 당신 스스로 준비하지 않았기 때문이다.

더구나 기름부음은 증가될 수도 있습니다. 당신은 말씀을 공부하고 기도함으로써 기름부음을 증가시킬 수 있습니다.

말씀을 공부하고 기도하는 것을 게을리 함으로써 그 기름부음을 감소시킬 수도 있습니다.

진리의 말씀을 공부하지 않는 일꾼은(딤후 2:15) 부끄러움을 당할 것입니다. 왜냐하면 사람들이 결국 그 사실에 대해 알게 될 것이기 때문입니다. 그리고 그런 일꾼은 기름부음을 잃게 되거나 또는 기름부음의 표적이 나타나지 않게 될 것입니다. 그러나 당신이 당신의 할 일을 다 한다면 그런 일은 일어나지 않을 것입니다.

당신이 말씀을 공부하고 기도하며, 아침에 일어나서 믿음으로 하루를 시작하면 기름부음이 임하실 것입니다. 내가 설교의 기름부음을 받아 설교를 하곤 했을 때 대부분의 경우 나는 믿음으로 하루 일을 시작해야 했습니다. 특별한 느낌이 있었던 것이 아닙니다. 하지만 설교를 위한 기름부음이 나에게 어김없이 임하셨습니다.(때때로 그 기름부음이 당신에게 머물러 있을 것이고 당신은 그것을 누리게 될 것입니다. 하나님을 찬양합니다.)

선지자, 목사, 복음 전하는 자, 혹은 그 어떤 직분이든 그것을 감당하고 있는 사람이라면 많든 적든 기름부음을 받을 수 있다는 것을 깨달아야 합니다.

여러 다른 사역자들의 말을 들어보면 그들이 어떤 때는 다른 때 보다 더 많은 기름부음을 받는다는 것을 분명히 알 수 있습니다. 때때로 말씀을 가르치는 교사들도 어떤 때는 다른 때보다도 더 많은 가르침을 위한 기름부음을 받는 경우가 있습니다. 선지자들도 어떤 때는 다른 때보다 더 많은 기름부음을 받는 경우가 있습니다. 기름부음에는 영역과 정도가 있습니다.

구약 시대에는 성령님께서 세 가지 유형의 사람들, 즉 선지자, 제사장 그리고 왕에게 임하셔서 그들이 각자 맡은 직무를 수행할 수 있도록 하셨습니다. 그러나 그 시절에는 성령님이 오늘날 우리 안에 거하시는 것처럼 그들 중 어느 누구에게도 거하시지 않으셨습니다.

다윗은 이스라엘의 왕이 되도록 기름부음을 받았지만 그는 또한 선지자였습니다. 선지자의 기름부음이 그에게 임하셨던 것입니다.

구약성경에 나오는 두 선지자, 즉 엘리야와 그의 후계자 엘리사를 기억해 보십시오. 엘리사는 엘리야가 받은 기름부음의 "갑절"을 원해서 받았습니다. 그것은 성령님이 두 분이 계시다는 의미가 아닙니다. 성령은 오직 한 분이십니다.

엘리사가 "갑절"이라고 부른 것을 우리는 같은 직분을 감당하기 위한 "두 배"의 기름부음이라고 표현할 수 있습니다. 그만한 양의 기름부음은 그러한 직분에 부름을 받지 않은 사람에게는 주어지지 않을 것입니다. 그들은 그러한 기름부음이 필요 없을 것입니다.(예를 들어, 당신이 목사가 되도록 부름을 받았다면 당신은 선지자의 기름부음을 받을 필요가 없습니다. 그러나 엘리사는 선지자의 직분을 감당하도록 부름을 받았던 것입니다.)

겉옷을 받는 방법

내가 침례교단에 있었을 때, 우리는 누군가에게 겉옷이 떨어지는 것에 관하여 거의 들어본 적이 없었습니다. 나는 우리들 가운데 많은 사람들에게 겉옷이 떨어진다고 생각하지 않았습니다. 그러나 내가 순복음 계열에 들어왔을 때, 나는 그것에 관하여 많이 듣게 되었습니다. 그들은 기름부음에 관하여 훨씬 많이 알고 있었기 때문입니다.

나는 설교자들에게 어떻게 하면 그들이 원하는 사역의 겉옷을 얻을 수 있는지 말해줄 수 있습니다. 왜냐하면 엘리야와 엘리사의 이야기에서 바로 그 해답을 찾을 수 있기 때문입니다.

> 열왕기상 19:19
> 엘리야가 거기서 떠나 사밧의 아들 엘리사를 만나니 그가 열두 겨릿소를 앞세우고 밭을 가는데 자기는 열두째 겨릿소와 함께 있더라 엘리야가 그리로 건너가서 겉옷을 그의 위에 던졌더니

이 겉옷은 사실상 특수한 직분의 상징이었습니다. 그것은 성령님의 기름부음을 상징합니다. 그것은 성령님이 엘리사 위에 임하셨다는 것을 보여 주는 것이지만 그것이 사실상의 기름부음 그 자체는 아니었습니다. 그것은 성령님과 하나님의 능력의 상징입니다.

이 겉옷이 한 개인을 덮으면 그 사람은 자신의 직분이나 하나님의 부르심이 무엇이든 간에 그에게 맞는 기름부음 아래에서 그 직분을 수행하게 됩니다.

"겉옷"이라는 단어는 외투를 의미합니다. 때때로 사역 가

운데 있을 때 기름부음이 내 위에 임하시면, 마치 외투가 내 위에 내려와 덮여지는 것 같이 느껴집니다. 그것은 내가 오버 코트를 입고 있는 것처럼 느껴지는데, 사실은 입고 있지 않는데도 말입니다. 그러나 하나님의 권능, 즉 기름부음이 나를 그렇게 덮으시기 때문에 내가 그런 식으로 느끼게 되는 것입니다.

> 열왕기상 19:20
> 저[엘리사]가 소를 버리고 엘리야에게로 달려가서 이르되 청컨대 나로 내 부모와 입 맞추게 하소서 그리한 후에 내가 당신을 따르리이다 엘리야가 저에게 이르되 돌아가라 내가 네게 어떻게 행하였느냐 하니라

엘리야는 "그냥 돌아가라. 그리고 그냥 잊어버려라"라고 말하고 있는 것입니다. 다시 말하면, "만약 네가 다른 일을 우선에 둔다면 그 일이 아무리 정당하다 할지라도 너는 하나님의 기름부음의 충만함을 누릴 수 없을 것이다"라는 뜻입니다.

엘리사는 돌아가 부모에게 작별 인사를 하지 않았습니다. 그는 한 겨리 소를 취하여 잡고 요리를 하여 백성에게 주어 먹게 했습니다. 그리고 그는 "일어나 엘리야를 따르며 수종들었더라"라고 21절에 쓰여 있습니다.

> 열왕기하 2:1-2
> 1 여호와께서 회오리 바람으로 엘리야를 하늘로 올리고자 하실 때에 엘리야가 엘리사와 더불어 길갈에서 나가더니

> 2 엘리야가 엘리사에게 이르되 청하건대 너는 여기 머물라 여호와께서 나를 벧엘로 보내시느니라 하니 엘리사가 이르되 여호와께서 살아 계심과 당신의 영혼이 살아 있음을 두고 맹세하노니 내가 당신을 떠나지 아니하겠나이다 하는지라 이에 두 사람이 벧엘로 내려가니

엘리사가 엘리야를 얼마나 가까이 따랐는지 주목해 보십시오. 엘리야는 그에게 뒤에서 기다리라고 설득하기까지 했습니다. 내 생각에 하나님은 때때로 어떤 목적을 갖고 일부러 사람들을 시험하시는 것 같습니다. 엘리야를 통해서 하나님은 엘리사를 시험하신 것입니다. 엘리사에게 기름부음이 임하시기 전에 하나님은 엘리사의 됨됨이가 올바른지 확인하기를 원하셨습니다. 엘리사는 "여호와께서 살아 계심과 당신의 영혼이 살아 있음을 두고 맹세하노니 내가 당신을 떠나지 아니하겠나이다"라고 대답했습니다. 마침내 엘리사는 그가 원하는 것을 얻을 수 있는 곳에 도달했습니다. 엘리야가 "나를 네게서 데려감을 당하기 전에 내가 네게 어떻게 할지를 구하라"라고 하자 엘리사는 "당신의 성령이 하시는 역사가 갑절이나 내게 있게 하소서"라고 대답했습니다(왕하 2:9).

엘리사가 뜻하는 바는 선지자의 직분을 감당하도록 하나님께서 내리시는 기름부음이 갑절이기를 원한다는 것입니다. 하나님은 사람들이 어떤 직분을 감당하도록 기름을 부어주십니다. 그리고 어떤 사람들은 보다 더 많이 기름부음을 받습니다.

엘리야는 이렇게 말했습니다. "네가 어려운 일을 구하는 도다 그러나 나를 네게서 데려가시는 것을 네가 보면 그 일이 네게 이루어지려니와…"(왕하 2:10)

열왕기하 2:11-13
11 두 사람이 길을 가며 말하더니 불수레와 불말들이 두 사람을 갈라놓고 엘리야가 회오리 바람으로 하늘로 올라가더라
12 엘리사가 보고 소리 지르되 내 아버지여 내 아버지여 이스라엘의 병거와 그 마병이여 하더니 다시 보이지 아니하는지라 이에 엘리사가 자기의 옷을 잡아 둘로 찢고
13 엘리야의 몸에서 떨어진 겉옷을 주워 가지고 돌아와 요단 언덕에 서서

엘리사는 바로 엘리야 곁에 함께 머물렀고 엘리야가 취함을 당하여 갈 때도 그와 함께 있었습니다. 엘리사가 엘리야의 겉옷을 잡기 전에 그가 자신의 옷을 스스로 벗어 두 쪽으로 찢은 것을 주의해서 보기 바랍니다. 그리고 그가 그 겉옷을 주워들어 입었는데, 왜냐하면 그 겉옷이 그 사람의 전부를 덮기 때문입니다.

구약성경을 통독하다 보면 그들이 입고 있던 겉옷이 동물의 가죽이었다는 것을 알게 됩니다. 신약성경에는 세례 요한은 털이 많다고 쓰여 있는데, 그것은 그가 육체적으로 털이 많았다는 뜻이 아니라, 그가 가죽으로 된 코트 중 하나를 입었다는 뜻입니다. 그 이야기는 다음 두절에서 계속됩니다.

열왕기하 2:14-15
14 엘리야의 몸에서 떨어진 그의 겉옷을 가지고 물을 치며 이르되 엘리야의 하나님 여호와는 어디 계시니이까 하고 그도 물을 치매 물이 이리 저리 갈라지고 엘리사가 건너니라
15 맞은편 여리고에 있는 선지자의 제자들이 그를 보며 말하기를 엘리야의 성령이 하시는 역사가 엘리사 위에 머물렀다 하고 가서 그에게로 나아가 땅에 엎드려 그에게 경배하고

  물을 가른 것은 단순히 그 겉옷, 즉 털이 많은 코트가 아니었습니다. 만약 그 코트가 물을 갈랐다면 누구든지 물을 가를 수 있었을 것입니다. 왜냐하면 모든 사람들이 다 가죽 코트를 입고 있었기 때문입니다. 그 일을 행한 것은 기름부음이었습니다. 그것이 바로 선지자의 생도들이 "엘리야의 성령이 하시는 역사가 엘리사 위에 머물렀다"라고 말한 이유입니다.

  그렇게 해서 엘리사는 엘리야가 하늘로 취해져 가는 것을 보았고 선지자의 직분을 감당하도록 갑절의 기름부음을 받았던 것입니다. 그리고 엘리사가 직분을 수행한 기록을 성경에서 읽어보면 그가 엘리야보다 두 배 많은 기적들을 행했음을 알게 될 것입니다.

  엘리사의 이야기를 공부하면, 기름부음을 받는 것에 대해 어느 정도 배울 수 있습니다. 엘리사는 엘리야의 바로 곁에 머물러 있었습니다. 그는 선지자 엘리야가 그의 시선 밖으로 나가지 않도록 했습니다. 그는 엘리야를 가까이 따랐습니다. 동일한 영감이 그에게 임하게 되었습니다.

그 동일한 기름부음이, 즉 동일한 영감이 관계나 환경 그리고 영향력에 의해서 임하게 된다는 것을 알게 되었을 것입니다.

나와 가깝게 일하는 사람들 위에 내가 가진 것과 동일한 기름부음이 임한다는 사실을 알고 있습니까? 사실 몇몇 사역에 있어서는 그 기름부음이 내게서 떠나 버려서 지금은 더 이상 그 기름부음을 가지고 있지 않은 경우도 있습니다. 지금은 그 기름부음을 내 동역자들이 가지고 있는 것입니다! 그것은 절대적인 사실입니다. 기름부음을 받은 사람과 가까이 있는 것이 기름부음을 받는 방법이기도 합니다.

스미스 위글스워스 목사님의 겉옷

엘리야가 그랬듯이, 하나님의 위대한 남녀 일꾼이 일선에서 사라질 때면 우리는 자주 다음과 같은 말들을 듣게 됩니다. "그분의 겉옷이 누구에게 떨어질지 참 궁금합니다." 우리 모두 그런 말들을 들어봤을 것입니다. 그러나 단순히 우리가 그런 말을 들었다거나 그 말을 자주 반복해서 듣는다고 해서 실제로도 그렇게 되는 것은 아닙니다. 또한 우리가 단지 그렇다고 생각했기 때문에 실제로 그렇게 되는 것도 아닙니다.

나는 여기서 하나님께서 주고자 원하시는 축복을 당신이 받지 못하도록 방해하는 요소들을 말하고자 합니다.

1947년에 어떤 종교잡지를 뒤적이다가 스미스 위글스워스 목사님이 84세의 나이에 주님께로 가셨다는 기사를 읽었습니다. 나는 커다란 상실감을 느꼈습니다. 그래서 교회로 달려가 강단 위에서 쓰러지다시피 했던 것을 기억합니다. 나는 개인적으로 그분을 알지는 못했지만 계속해서 그분에 관한 기사를 읽었습니다. 또한 실제로 그분으로부터 뭔가 물들고 싶어서 그분에 관한 책들을 샅샅이 닳도록 읽어 왔던 것입니다. 그런 정도의 큰 능력을 가진 하나님의 사람이 세상을 떠났을 때 우리는 어떤 공허감, 즉 어떤 진공상태의 텅 빈 느낌을 갖게 됩니다. 그 목사님은 하나님의 복음 사역을 할 동안 죽은 사람을 23명이나 일어나게 했던 분입니다.

사람들은 "그의 겉옷이 누구에게로 떨어질까?"하고 물었습니다. 나 역시 무지함으로 인해 그 겉옷은 기름부음이며 그 겉옷은 무작위로 누군가에게 떨어지리라고 생각했었습니다.

그러나 그것은 옳은 생각이 아니었습니다. 그 겉옷은 기름부음을 상징합니다. 더구나 그 겉옷은 특정 개인 위에 떨어지도록 정해지지 않았습니다. 그리고 실제로 그러지도 않았습니다. 그 겉옷은 그런 식으로는 당신에게 떨어지지 않습니다!

그러면 엘리사는 어떻게 엘리야의 겉옷과 선지자의 기름부음을 갑절이나 받게 되었을까요? 그는 엘리야를 가까이 따랐습니다. 우리가 앞에서 보았듯이 우리는 관계나 환경 그리고 영향력에 의해서 동일한 기름부음을 받게 됩니다.

우리가 어떤 형태의 사역 방향을 설정해 나가든지 틀림없이 하나님의 인도하심을 받게 될 것입니다. 그러나 사역자들은 그 방향 설정을 할 때 경계를 게을리 하지 말아야 할 몇 가지 일들이 있습니다. 나는 49년째 사역에 종사하고 있습니다. 당신은 지금 49년 동안의 사역에서 몇 가지 배울 것들을 마주하고 있는 것입니다.

만약 당신이 누군가를 따르려고 한다면, 그 사람이 주님을 따르고 있는지 꼭 확인해야 합니다. 만약 그 목사님이 약간만, 아주 약간만 벗어나더라도 그것을 따라서는 안 됩니다. 그로부터 믿음은 배워도 그를 너무 가까이 따르지는 말아야 합니다.

다음 세 가지를 기억하십시오.

첫째, 당신의 삶을 향한 하나님의 부르심을 가지십시오.

둘째, 주 예수님을 따르십시오. 그분이 교회의 머리십니다. 아주 아주 가까이 그분을 바짝 따르십시오.

셋째, 여러분이 다른 누군가가 하는 것과 같은 유형의 사역을 원한다면 그 사람의 사역을 가까이 따르십시오. 만약 그러한 갈망이 여러분 심령 속에 있다면 대개는 하나님께서 여러분 안에 그러한 것을 심어 주셨기 때문입니다. 그러나 잘 익은 버찌가 나무에서 떨어지듯 그렇게 자동적으로 겉옷이 당신 위에 떨어지지는 않을 것입니다.

위대한 치유 부흥(Healing Revival)의 시대 동안 전성기를 이루었던 치유의 목소리(Voice of Healing) 조직체가 있던 시절에 나는 몇몇 사역자들의 사역을 보았습니다. 하나님께서 나를 몇몇 사역자들에게 보내시며 어떤 일들을 하지 말라고 이르게 하셨습니다. 그러나 그들은 하지 말라는 일을 계속했고 어쨌든 그 일을 하고야 말았습니다.

그들은 어떤 한 사람을 따르기 시작했는데, 그 한사람이 빗나가 버리자 그 결과로 그를 따르던 사람들도 똑같은 방법으로 빗나가는 것을 나는 보았습니다. 그들 중 몇몇은 그들이 따르던 그 사람이 죽은 나이와 똑같은 나이에 죽었습니다. 당신도 알다시피 그들은 그를 너무 가까이 따랐습니다. 당신은 그들로부터 뭔가를 배울 수 있기를 바랍니다.

그것은 미국 남서부 하나님의 성회 대학의 설립자인 넬슨(Nelson) 박사가 하나님의 나라로 가기 전 그 해 봄에 내가 그로부터 들은 이야기와 비슷합니다.(그는 1942년 가을에 74세의 나이로 세상을 떠났습니다.)

넬슨 박사님은 존 알렉산더 도위 (John Alexander Dowie)에 대해 이야기했는데 그는 회중교회 목사로서 우리들보다 훨씬 오래 전부터 치유사역을 했던 분입니다. 도위 목사는 오스트레일리아에서 목회를 하던 중에 사도행전 10장 38절로부터 성령치유의 계시를 받았습니다. 후에 그는 미국으로 와서 시카고에 정착했습니다. 그는 일리노이 주의 시온시를 기독교 도시로 만들었습니다. 고든 린지 목사는 거기서 태어났습니다. 린지 목사에게 유아세례를 준 것도 도위 목사였습니다.

린지 목사는 "치유의 목소리"의 지도자였으며 "열방을 향한 그리스도"(Christ for the Nations)를 설립했던 분으로, 도위 목사의 저서인 『치유의 자취』(Leaves of Healing) 몇 권을 갖고 있었으며, 도위 목사의 설교 일부를 모아 출간하기도 했습니다. 린지 목사는 또한 도위 목사의 뛰어난 일대기인 『존 알렉산더 도위의 일생』(The Life of John Alexander Dowie)을 쓰기도 했습니다.

넬슨 박사가 이야기한 도위 목사와 관련된 사건은 1907년 이전에 발생했음이 틀림없습니다. 왜냐하면 도위 목사가 1907년 70세로 세상을 떠났기 때문입니다. 이 이야기가 있던 그 당시 넬슨 박사는 아직까지 침례교회의 목사였습니다.(넬슨 박사는 1921년이 되어서야 비로소 성령으로 세례를 받고 치유 사역의 길로 들어섰습니다.)

넬슨 박사는 이렇게 말했습니다. "나는 도위 목사가 여섯 명의 교단 소속 목사들과 다섯 명의 의사들이 입회한 가운데 서 있는 것을 보았어요. 의사들이 얼굴 한편에 악성 종양이 있는 한 부인을 데리고 들어 왔지요. 그 종양은 푸르면서도 자줏빛이 도는 커다란 가지처럼 생겼고 그 부인의 입 안쪽에서 자라나 얼굴 한 면 전체를 덮고 있었어요. 그것의 크기는 거의 그녀 머리만 했죠. 의사들은 그 악성 종양을 치료할 수가 없었어요. 너무 컸으니까요. 그 당시에 의사들은 그런 종양을 독성이 있는 약품으로 치료를 하곤 했지요. 때문에 그 부인은 아마도 이미 너무 많은 독을 흡수했을 거예요.

나는 도위 목사가 우리 여섯 명의 목사들과 다섯 명의 의사들이 지켜보는 가운데 그 부인의 악성종양을 움켜잡고 '주 예수 그리스도의 이름으로…' 라고 말하면서 그 종양을 그녀의 얼굴에서 벗겨내는 것을 보았어요. 의사들이 즉시 그 부인의 얼굴을 검사해 보고 나서 '이건 어린 아이의 피부입니다. 그녀 얼굴 전체에 새살이 돋아났어요' 라고 말하더군요."

넬슨 박사가 덧붙여 말했습니다. "당신이 도위 목사의 믿음을 따를 수는 있어요. 하지만 그의 교리를 따라서는 안 됩니다!"

말년에 도위 목사는 하나님을 잃어버렸습니다.

"교리가 잘못되어 있는데, 믿음이 강할 수도 있습니까?" 라고 물어볼 사람이 있을지도 모르겠습니다. 분명 가능합니다. 우리는 그 점을 도위 목사나 다른 사람들의 생애에서 보아왔습니다. 우리는 사람이 가슴에서는 옳아도 머리에서는 옳지 않을 수도 있다는 것을 깨달아야 합니다.

그 때문에 당신은 따르는 사람, 특히 사역에 있는 경우에는 더욱 그에 대해 주의를 해야 합니다. 누군가를 가까이 따르는 젊은이는 그 사람이 저지른 똑같은 실수를 범하게 됩니다. 그런 사람으로부터 배울 점이 있다면 배우십시오. 그러나 넬슨 박사가 말한 것처럼 "당신이 그의 믿음을 따를 수는 있겠지만, 그의 교리를 따라서는 안 됩니다."

나는 훌륭하고 원칙적인 사역을 하던 사람들이 빗나가는 것을 여러 번 보았습니다. 나는 또, 목회를 맡은 이에게도 똑같은 일이 일어나는 것을 보았습니다. 물론 사람들은 항상 실패한 사람에 대해서 이야기합니다.(나는 실패하지 않은 누군가를 따르고 싶습니다. 하나님을 찬양합니다!)

당신이 신유를 믿고 있다는 것을 알고는 사람들이 이렇게 말을 할지도 모릅니다. "자 보세요. 아무개 목사가 치유 은사를 받았대요. 그런데 그분은 젊은 나이에 죽었어요. 또 아무개도 죽었어요."

나는 항상 이렇게 대답합니다. "그가 왜 죽었는지 나는 모릅니다. 그것은 내 문제도 아니고 내가 상관할 일도 아닙니다. 나는 그의 주님도 아니고 주인도 아니니까요. 그 문제는 그와 하나님 사이의 문제이지요. 어쨌든 나는 그를 따르지 않습니다. 나는 주님을 따르고 있습니다."

그러나 만약 내가 누군가의 모범을 따르게 된다면 나는 스미스 위글스워스 목사님을 따르겠습니다. 그분은 87세 평생, 세상을 떠날 때에도, 전혀 아프지 않았습니다. 하나님을 찬양합니다!

또 다른 좋은 모범은 어떤 한 목사님에 관한 이야기입니다. 성령 세례를 받기 전까지는 침례교도였는데, 그 후 방언을 말하고 신유에 관하여 설교하던 분이었습니다.

나는 그분의 죽음에 관해 여러 가지 소문을 들었습니다.

그러나 훗날 한 곳에서 집회가 있었는데, 그 주에 살고 있는 그분의 딸을 방문할 기회가 있었습니다. 그 목사님은 93세였던 어느 날 아침 식탁에서 "내가 집에 가야 할 시간이구나"라고 말했다는 것을 그의 딸로부터 알게 되었습니다. 그 목사님의 딸과 목사님보다 상당히 젊었던 사모님은 그 목사님이 틀림없이 노망기가 들기 시작했다고 판단하고는 그가 현재 자기 집에 있다는 것을 깨닫지 못한다고 생각했습니다.

그 딸이 이렇게 말했습니다. "엄마와 내가 설거지를 끝내고 거실로 갔어요. 아빠는 거기 의자에 앉아서 '내가 오늘 집에 간다고 너희들에게 말했었지. 거기에 예수님이 계시는구나. 잘 있어!' 라고 말씀하셨어요."

그분은 흔들의자에 앉아서 세상을 떠났습니다. 나는 나도 그 목사님을 따를 것이라고 믿습니다. 할렐루야!

바울이 말했던 것을 기억하십시오.

> 고린도전서 11:1
> 내가 그리스도를 본받는 자 된 것 같이 너희는 나를 본받는 자가 되라

그리스도를 가까이 따르는 사람이라면 그런 사람을 따르는 것은 좋은 것입니다.

제 12 장

기름부음에 순종하기
(Yielding to the Anointing)

　우리가 성령으로 충만하여 성령의 인도하심에 따라 순종하면 우리는 더 많은 결실을 볼 수 있을 것이라고 나는 확신합니다.
　마귀는 사람들의 의지와는 반대로 사람들을 사로잡아 그들을 통해서 자신을 나타내지만 성령님은 우리의 의지에 어긋나게 사역하시지 않을 것입니다.
　왜 우리는 성령님께 우리 자신을 더 많이 내맡길 수 없는 것입니까? 나의 경우에 있어서 내가 알고 있는 한 가지 이유는 내가 때때로 영적 영역으로 들어갔다가 두려움을 느끼게 된다는 것입니다. 그 두려움이란 뱀이나 큰 회오리바람에 대해 느끼는 공포와 같은 것이 아니라 그것은 성스러운 두려움이며 성스러운 경외심인 것입니다. 나는 영적 영역으로 들어가서는 다시 돌아 나올 수 없을까봐 두려워하게 됩니다.
　그것이 에녹에게 일어났던 일이라고 생각합니다. 에녹은

너무 깊이 영적인 영역으로 들어갔기에 육체와 모든 것이 함께 들림을 받아 천국으로 가버렸던 것입니다.

나는 당신의 경험에 대해서 아는 바는 없지만 초자연적인 영역으로 들어갔다가 자연적인 세계로 되돌아오기란 쉬운 일이 아닙니다. 그러나 우리가 기름부음에 순종하는 법을 배워 두려워하지 않게 된다면 놀라운 기적이 일어날 것입니다.

이렇게 하는 법을 배운 사람 중 하나가 바로 스미스 위글스워스 목사님이었습니다.

나는 스미스 위글스워스라는 분에 관하여 전혀 들어본 적이 없었습니다. 만일 내가 그 사실을 알았더라면 그분이 1937년에 미국을 마지막으로 방문하여 텍사스 주 달라스 시에 계셨을 때 그분의 설교를 들을 수도 있었을 것입니다. 그 해에 나는 성령세례를 받았으며 겨우 달라스 시에서 32마일 떨어진 곳에 살고 있었습니다. 그러나 위글스워스 목사님이 달라스 시에 있는 하나님의 성회 제일교회에서 3일 동안 밤 집회를 인도한다는 것을 나는 모르고 있었습니다.

나는 그분의 책을 자주 인용합니다. 한번은 어떤 사람이 나에게 위글스워스 목사님의 책 『끊임없이 성장하는 믿음』에 대해서 "목사님은 그 책을 이해하십니까?"라고 물어본 적이 있습니다.

나는 "예, 이해하구말구요. 그분은 영어로 말을 하니까요!"라고 대답했습니다.

어떤 목사님은 나에게 이렇게 말했습니다. "나는 그 책을 다섯 번이나 읽었지만 그분이 무슨 말을 하고 있는지 아직도 이해를 못하고 있습니다."

만약 당신이 그런 영의 영역에 들어가 본 적이 없다면 그 책을 이해하기가 어려울 것입니다.

캘리포니아 주에 있는 나이 많은 목사님 한 분이 위글스워스 목사님이 남부 캘리포니아에서 설교하는 것을 들었다고 나에게 말했습니다. 그 나이 많은 목사님이 말했습니다. "때때로 위글스워스 목사님은 설교를 시작하면서 처음에는 무슨 뜻인지 모를 소리를 합니다. 설교 내용이 왔다 갔다 하지요. 그러다가 하나님의 영이 그분에게 임하시면 그의 설교는 거기에 모인 회중을 놀라게 하지요. 눈으로 직접 볼 수 있답니다. 그 목사님의 모습이 변하고 말씀이 그분의 입에서 저절로 흘러나온답니다. 마치 그가 다른 사람이 된 것 같아요."

위글스워스 목사님은 여섯 살이었을 때 공장에 일하러 나갔습니다. 그 후 당시 영국에서는 어린이 노동법이 없었습니다. 그래서 그는 평생 학교라고는 하루도 다닌 적이 없습니다. 그의 아내가 그에게 읽는 법을 가르쳐 주었습니다.

나는 영국 하나님의 성회 운동의 지도자 중 한 사람인 도날드 기이(Donald Gee) 목사님을 알고 있습니다. 나는 기이 목사님이 미국에서 설교하는 것을 들었습니다. 그가 위글스워스 목사님에 관한 이야기를 했습니다.

위글스워스 목사님은 어떤 특정한 오순절 교단에 속하지 않고 그들 모두를 위해 설교했습니다.

기이 목사님이 말했습니다. "우리는 매년 정기 모임 때마다 위글스워스 목사님을 강사로 초빙하여 설교를 듣곤 했습니다. 우리는 젊은 목사들이 그분의 선지자적 기름부음을 접함으로써 성령의 인도하심에 따라 순종하는 법을 배울 수 있기를 원했습니다."

위글스워스 목사님은 1947년 87세의 나이로 하나님의 나라에 가기 몇 주 전에 젊은 목사들을 위해서 설교했습니다. 그는 로마서 8장 11절에 대해서 말했습니다. "예수를 죽은 자 가운데서 살리신 이의 영이 너희 안에 거하시면 그리스도 예수를 죽은 자 가운데서 살리신 이가 너희 안에 거하시는 그의 영으로 말미암아 너희 죽을 몸도 살리시리라[그가 살리시리라, 살리시리라, 살리시리라.]"

이 영역에서 우리가 주의를 기울이지 않는다면 모르고 지나쳐 버릴 수도 있는 귀중한 뭔가가 있다고 생각합니다. 말하자면, 예전 오순절 교회 목사님들은 메시지를 전하기 위해 기름부음을 받을 때까지 기도하곤 했었습니다. 나는 지금의 우리가 가끔 깨닫지 못하는 어떤 중요한 것을 그분들은 갖고 있었다고 생각합니다.

우리는 말합니다. "우리는 믿음의 사람들입니다. 우리는 그냥 시작하기만 하면 될 것입니다"라고.

그 말은 오직 여러분이 준비를 올바르게 하고 있을 경우에만 적용될 것입니다.

제 13 장

독특한 기름부음들
(Peculiar Anointing)

만약 우리가 주의하지 않는다면 이른바 "믿음 사역"을 한다고 하면서 잘못 우쭐거리게 되어 한 가지 유형의 사역만을 추구하게 될 수도 있습니다. 우리에게는 여러 가지 유형의 사역이 필요합니다. 우리는 모든 유형의 사역의 가치를 제대로 인정하는 법을 배울 필요가 있습니다.

목회자들은 자신의 교인들을 모든 유형의 사역에 접하도록 할 필요가 있습니다. 목회자들은 하나님께서 사람들을 있는 그대로 쓰신다는 것을 깨닫고 있어야 하며 또한 그 사람들 위에 임하시는 기름부음을 인식하고 그 진가를 인정해야 합니다.

나는 오늘날에도 하나님께서 어떤 사람들을 독특한 방법으로 사용하신다고 확신하고 있습니다. 그러나 그들은 먼저 기름부음이 있는지를 확인해야 합니다. 만약 그 기름부음으로 인해 맡겨진 일을 수행하게 된다면 그 기름부음으로 인해 하나님께 찬양을 드려야 합니다. 그것이 중요합니다. 어떤 사역이든 간에 그 기름부음을 깨닫고 그로 인해 하나님께 찬양을 드려야 합니다.

내가 순복음 계열로 처음 오게 되었을 때, 독특한 기름부음을 받은 목사님이 우리 교회에 왔었습니다. 나는 그 목사님이 하는 식의 사역은 비슷한 것도 본 적이 없었습니다. 그의 방식은 나에게는 도저히 "맞지" 않았기 때문에, 나는 비위가 거슬렸습니다.

내가 그를 처음 보았을 때 나는 '저럴 수가!'라고 생각했습니다. 나는 너무나 당혹스러워서 두 손으로 내 얼굴을 가렸습니다. 나는 말했습니다. "오, 하나님, 지금 영접 초청을 할 시간입니다. 그런데 여기 저 목사라는 분이 춤을 추고 있으니 한 사람이라도 구원을 받기는 틀렸습니다!"

그러나 그가 구원을 받을 사람들에게 영접 초청을 했을 때 사람들이 구원을 받기 위해 의자에서 일어나 교회 통로마다 내려오기 시작했습니다. 나는 거기 앉아서 훌쩍거리면서 말했습니다. "주님, 저를 용서해주세요. 오, 나의 하나님, 저를 용서해 주세요!"

내가 목사가 되었을 때, 목회 했던 모든 교회에 (한 교회만 제외하고) '할아버지 스미스 목사님'을 초청하여 특별집회를 열었습니다. 사실은 나는 새로운 교회에 초청받아 목회를 시작할 때마다 가급적 빨리 스미스 목사님을 모셔서 부흥집회를 했습니다.

이 목사님은 전적으로 복음 전도자였습니다. 그는 예수님이 구원하신다는 복음만 전파했습니다. 그것이 그가 할 수 있는 전부였습니다.

그의 기름부음이 무엇이었는지 아십니까? 그는 춤을 추어 사람들을 영접하도록 초청하는 것입니다. 할아버지 스미스 목사님은 영접 초청의 춤을 추는 것입니다.

내가 그를 처음 보았을 때 그는 63세였습니다. 그는 70세가 넘었을 때에도 나의 교회를 위해 집회를 인도해 주었습니다.

그에 대한 나의 첫인상은 "글쎄, 몇몇 교육받지 못한 사람들에게나 영향을 주겠지"하는 것이었습니다. 그러나 그는 교양 있는 사람들을 감동시켰습니다! 변호사, 은행가, 의사, 판사들이 구원을 받았고, 한 곳에서는 그 도시의 시장까지 구원을 받았습니다. 그는 춤을 추어 이 모든 사람들을 앞으로 불러냈습니다. 기름부음이 그에게 임했던 것입니다. 기름부음이 그에게 임했을 때에는 그것을 알 수 있었습니다.

그러나 그가 춤을 추기 시작할 때는 자연적인 영역에서 시작합니다. 그리고는 자기의 딸을 향해 '이네즈, 한 곡 연주해다오' 라고 말합니다. 그러면 이네즈가 연주를 시작하고, 목사님은 몸을 움직여 춤을 추기 시작합니다. 그는 잠시 동안 그런 식으로 춤을 춥니다. 그러고 나면 당신이 봐도 하나님의 영이 그에게 임하시는 것을 알 수 있습니다. 기름부음이 그에게 임한 것입니다. 그 광경이 워낙 현저하게 나타나기에 회중들도 그것을 볼 수 있었습니다. 죄인들은 숨을

헐떡거렸습니다. 그들은 뭔가가 갑자기 목사님 위에 임하셨다는 것을 알 수 있었습니다.

그것은 빛이었습니다. 그것은 강력했습니다. 그것은 축복이었습니다. 그것이 사람들을 앞으로 끌어당겼습니다.

(여기에 관련된 비밀이 있습니다. 그것은 스미스 목사님이 먼저 육신적으로 춤을 추기 시작하면 그 후에 기름부음이 그에게 임한다는 것입니다.)

그러나 나는 그를 흉내 내보려고 하지 않았습니다. 다른 누군가가 어떤 일을 한다고 해서 당신도 나가서 그런 일을 하려고 한다면, 마음먹은 대로 되지는 않을 것입니다.

하나님께서는 어리석은 자를 세워 현명한 자를 부끄럽게 할 것이라고 말씀하셨습니다. 만약 하나님께서 스미스 목사님을 그런 식으로 사용하고자 하신다면 내가 관여할 일은 아니지 않습니까? 그에게는 성과가 있었습니다.

스미스 목사님은 도대체 믿음에 대해서는 아무 것도 모르고 계셨지만 그것은 문제가 되지 않았습니다. 그가 나보다 더 많은 사람들을 구원하였으며 나는 그가 사람들을 하나님의 왕국으로 인도해 온 후에야 그 새신자들에게 믿음이 무엇인가를 가르칠 수 있었습니다. 믿음을 가르치는 일은 어쨌든 그에게 맡겨진 사역이 아니었습니다. 사람들을 구원하는 것이 그에게 주어진 사역이었습니다.

스미스 목사님은 어느 누구도 할 수 없는 부흥을 이루어낼 수 있었습니다. 어느 누구도 할 수 없는 그 때에 스미스 목사님은 많은 사람들을 구원할 수 있었습니다. 그 시절로 돌아가서, 만약 여섯 명을 구원하고 세 명이 성령세례를 받게 된다면 그것은 대박을 터뜨렸다고 생각하던 시기였습니다. 그런데 스미스 목사님은 항상 그 이상의 성과를 거두었습니다.

내가 충고하건대, 우리는 하나님이 하시는 어떤 일도 비웃으며 비판할 필요가 없습니다. 만약 그 일이 사람들에게 축복을 주고, 그들을 구원하며, 성령세례를 받게 한다면 그것으로 인해 하나님께 감사를 드려야 합니다.

나는 구약성경에서 하나님께서 당나귀를 사용하신 것을 읽었습니다. 나는 항상 그 이야기로부터 큰 은혜를 받습니다. 내 생각에는, 만약 하나님께서 당나귀를 사용하실 수 있었다면 분명 나도 사용하실 수 있습니다!

하나님께서 원하시는 방법대로 여러분을 사용하실 수 있도록 해드려야 합니다. 다른 누군가를 흉내 내어서는 안 됩니다.

특별한 기름부음들

하나님께서는 당신에게 주신 소명이 무엇이든 그것을 감당하도록 기름부음을 주십니다. 그러나 하나님께서는 어떤 사람들에게는 특별한 방법으로 맡은 사역을 감당하도록 기름부음을 주십니다. 우리 중 몇 명은 특별한 기름부음을 받게 되었으며 그런 기름부음은 놀라운 성과를 가져오게 됩니다.

내가 이런 이야기를 꺼내는 이유는 머지않아 보기 드문 일들이 일어나려고 한다는 것을 믿기 때문입니다. 나는 당신으로 하여금 그 특별한 일에 대비하여 준비함으로써 단지 전에 그런 일을 본 적이 없다는 이유만으로 그런 일을 모르고 지나가 버리거나 혹은 그 일을 보지 않으려고 피하는 일이 없도록 하기 위함입니다. 나는 당신이 하나님과 함께 움직일 준비가 되어 있기를 바랍니다.

한 예로 신약성경은 사도 바울에 관하여 말씀하고 있습니다.

> 사도행전 19:11-12
> 11 하나님이 바울의 손으로 놀라운 능력을 행하게 하시니
> 12 심지어 사람들이 바울의 몸에서 손수건이나 앞치마를 가져다가 병든 사람에게 얹으면 그 병이 떠나고 악귀도 나가더라

우리가 본 바와 같이 예수님은 다섯 가지 사역의 직분을 감당하도록 성령님에 의해 기름부음을 받으셨습니다.

예수님은 또한 치유 사역을 수행하도록 기름부음을 받으셨습니다. 혈루증을 앓던 여자가 예수님을 만졌을 때 능력이 예수님으로부터 나갔는데, 그 능력은 기름부음으로 받은 것입니다. 그 능력은 어떤 종류의 능력이었을까요? 그것은 치유의 능력이었습니다.

그러나 예수님은 항상 사람들에게 안수만 하신 것도 아니었고 또한 사람들도 항상 예수님을 만진 것도 아니었습니다.

예수님은 사람들에게 여러 가지 다양한 방법으로 사역을 행하셨습니다.

한 번은 예수님께서 땅에 침을 뱉으시고 진흙을 이겨서 장님의 눈에 바르시고 말씀하셨습니다. "실로암 못에 가서 씻으라 하시니 이에 가서 씻고 밝은 눈으로 왔더라"(요 9:7)

당신은 예수님께서 뭔가 다른 것을 생각해내느라 애쓰면서 밤을 새웠기 때문에 그렇게 했다고 생각합니까? 그렇지 않습니다. 예수님은 하나님의 영에 의해서 갑자기 기름부음을 받으신 것입니다. 하나님께서는 사람들을 다른 방법들로 쓰시는 것입니다.

또 한 번은 사람들이 귀머거리이자 벙어리인 사람을 예수님께 데려왔습니다. 성경에 따르면 예수님께서는 손가락을 그 사람의 양 귀에 넣고 침을 뱉어 그의 혀에 손을 대셨다고 했습니다. "그의 귀가 열리고 혀가 맺힌 것이 곧 풀려 말이 분명하여졌더라"(막 7:35)

예수님께서 왜 그렇게 하셨다고 생각합니까? 예수님께서 '전에 내가 땅에다 침을 뱉어서 그 소경의 눈에 진흙을 발랐었지. 다시 한 번 그렇게 해보고 이번에도 그렇게 되는지 아닌지 시험해 볼까?' 라고 생각하셨겠습니까? 아닙니다. 그렇게 연습해보신 것이 아닙니다. 이에 대한 언급이 그리 많이 있는 것도 아닙니다. 그렇지만 예수님께서는 치유의 기름부음이 같이하셨기 때문에 성경에서 언급된 것보다 훨씬 더 자주 치유사역을 하셨다고 나는 확신합니다. 치유 사역은 기름부음 아래에서 행하여질 때 이루어지는 것입니다.

성경은 우리에게 예수님께서 하신 일에 대해 단지 몇 가지 사실만을 전해 주고 있습니다. 요한은 이렇게 말했습니다. "예수께서 행하신 일이 이외에도 많으니 만일 낱낱이 기록된다면 이 세상이라도 이 기록된 책을 두기에 부족할 줄 아노라"(요 21:25)

나는 사역을 할 때 예수님께서 행하신 방법을 모두 사용하지는 않습니다. 나는 한 번도 남에게 침을 뱉어본 적이 없습니다! 그러나 누군가가 그런 식으로 치유사역을 수행할지도 모르며 또한 그런 방식이 그들이 치유하는 유일한 방법일지도 모릅니다. 왜냐하면 그들의 기름부음이 그곳에 있기 때문입니다.

하나님의 성회의 창시자 중 한 목사님이 우리와 함께 치유 사역에 관한 이야기를 하던 중 나에게 개인적으로 다음과 같은 이야기를 해주었습니다.

"하나님의 성회 운동 초기에 내가 개인적으로 아는 목사님 한분이 계셨는데, 그분은 침을 뱉어서 치료를 했어요. 나는 그 목사님만큼 많은 사람을 치유하는 성공 사례를 본 적이 없어요. 아무도 없었어요! 나는 위글스워스 목사님의 집회에도 참석했고, 레이몬드 리치 목사님의 집회에도 갔었어요. 찰스 프라이스 목사님의 집회와 에이미 샘플 맥퍼슨 자매님의 집회에도 참석했었고, '치유의 목소리'에서 주관하는 집회에는 모두 가봤어요. 그러나 이 목사님만큼 성공을 거둔 목사님은 한 분도 보지 못했지요. 물론 그 목사님은 대중들 앞에서 사역을 하지는 않았어요. 그는 시골 사람이며, 예수님을 믿고 구원받은 농부였거든요. 그래서 그는 시골학교 건물 외에는 아무 데서도 설교를 하지 않았어요. 그 당시에는 시골에 사람들이 많이 살았거든요."

그의 말이 계속되었습니다. "그분의 집회에서 치유를 받지 못하는 사람은 거의 없었어요. 나는 그의 바로 옆에 서 있었는데 그는 항상 사람들에게 침을 뱉었어요. 사람들 한 사람 한 사람에게 말이에요. 그는 자기 손에 침을 뱉어서 그것을 사람에게 문질렀지요. 그런 식으로 그는 그의 치유 사역을 수행했답니다."

계속해서 그는 말했습니다. "한 번은 사람들이 한 남자를 데리고 왔어요. 그때 나는 겨우 5피트 떨어진 곳에 서 있었어요. 그 남자는 약 40살쯤 되어 보였어요. 그 사람의 왼팔은 다른 사람들의 팔과 똑같았지만 그의 오른쪽 팔은 겨우 8인치 밖에 안 되는 길이였는데, 그의 어깨에 그냥 달려 있었어요. 목사님이 자기 손에 침을 뱉어서 그 사람의 오른팔에 대고 문지르자 팔이 자라서 다른 쪽 팔과 길이가 똑같이 되고 또 손이 커져서 다른 손과 같은 크기로 되는 것을 내 눈으로 봤답니다."

하나님의 성회 소속 목사님은 계속 말을 했습니다. "만약 당신의 머리에 뭔가 문제가 있다면 그 목사님은 자기 손에 침을 뱉어 그것을 당신 이마에 대고 문지를 거예요. 또 배가 아프다고 하면, 손에 침을 뱉어서 옷 위와 배 위에 문지르겠지요. 만일 무릎이 아프다고 하면 그분은 그의 손에 침을 뱉어서 당신 무릎 위를 문지를 거예요. 그러면 모든 사람들이 치유함을 받을 것입니다. 왜냐고요? 하나님께서 그에게 그렇게 하도록 말씀하셨으니까요."

성공과 논쟁을 벌일 수는 없습니다. 우리들 중 어느 누구도 예수님께서 행하셨던 모든 방법을 다 행하지는 못합니다. 왜냐하면 우리가 그 모든 직분을 받은 것이 아니기 때문입니다. 그러나 예수님께서 행하셨던 방법 중 몇 가지로 사역을 행할 수는 있을 것입니다.

내게도 병든 자들을 위해서 기도하던 중 기름부음이 임하셔서 특별한 일을 하게 된 경우가 몇 번 있었습니다. 때때로 약 5, 6년에 한 번 정도 그런 기름부음이 임하곤 합니다.

그런 일이 나에게 처음 일어난 것은 1950년이었습니다. 나는 오클라호마 주에서 설교를 하고 있었습니다. 한 부인이 기도를 받으러 나왔습니다. 그녀는 자기가 72살이라고 말했는데, 그녀는 마치 막 아이를 낳을 것 같이 보였습니다. 그녀에게는 악성 종양이 커지고 있었습니다.

그녀는 오클라호마 시에서 두 번이나 수술을 받았는데 그 종양이 세 번째로 다시 생겨나서 의사들이 다시는 수술을 못하겠다고 했습니다. 의사들이 그 부인에게 말하기를 "우리가 느끼기에는 당신에게 더 이상 수술을 하지 않는 것이 더 오래 사는 길인 것 같아요. 아마 당신은 몇 년 더 살 수 있을 거예요"라고 했습니다.

그녀가 나에게 말했습니다. "18개월이 지났는데 보시다시피 종양이 이렇게 커졌어요."

나는 이렇게 대답했습니다. "좋아요. 속사정을 알게 되니 정말 좋지 않군요. 주님께서 직접 우리의 질병과 연약함, 즉 부인의 질병과 연약함을 취하여 떠맡아 버리셨어요. 치유는 당신의 것입니다."

그녀는 "예, 맞아요. 치유는 나의 것이에요. 저는 완치될 거예요"라고 대답했습니다.

내가 그녀에게 안수 기도를 하기 시작했을 때 그때 주님의 말씀이 들렸습니다. "너의 주먹으로 그녀의 배를 쳐라."

나는 마음속으로 이렇게 말했습니다. "주님, 지금 저를 곤란하게 만드시려는 겁니까? 주먹으로 여자의 배를 치라고요? 저는 그렇게 하고 싶지 않습니다!"

만약 우리가 주님의 말씀에 대해 왈가왈부 한다면 기름부음은 떠나고 말 것입니다. 마치 새 한 마리가 우리의 어깨 위에 앉았다가 날아가 버리듯이 기름부음이 떠나고 말 것입니다. 결국 그 기름부음은 나를 떠나고 말았습니다. 기름부음이 나를 떠났을 때, 그래도 나는 계속해서 안수하며 내 사역을 감당하려고 생각했습니다. 내가 다시 그녀 위에 손을 얹어 놓고 안수하자 기름부음이 나에게 다시 임하셨고 주님의 말씀이 다시 들렸습니다. "너의 주먹으로 그녀의 배를 쳐라."

나는 그 부인의 배를 치기 전에 잠시 멈추어 회중들에게 먼저 설명하는 것이 좋겠다고 결정했습니다. 그래서 나는 주님께서 내게 하신 말씀을 사람들에게 설명하고 나서 주먹으로 그 여자의 배를 쳤습니다. 하나님과 수백 명의 사람들이 목격하는 가운데 그 부인의 배는 마치 풍선을 핀으로 찔렀을 때처럼 가라앉는 것이었습니다. 그녀는 자기 치마를 허리 위로 올리고는 소리쳤습니다. "이런, 이럴 수가, 어떻게 이런, 종양이 없어졌어요!"

나는 "정말 그렇네요"라고 말했습니다.

그녀는 놀란 듯이 나를 바라보고는 이렇게 말했습니다. "그게 어디로 가버렸는지 모르겠어요."

"나도 모르겠는데요"라고 내가 대답했습니다.

그것이 어디로 갔습니까? 하나님 감사합니다. 그것은 그냥 사라져 버렸습니다.

이 부인의 경우는 이런 독특한 기름부음을 받은 첫 번째 경험이었습니다. 그러나 내가 독특한 기름부음을 한 번 받았다고 해서 그때부터 사람들의 배를 내 주먹으로 치면서 돌아다니지는 않았습니다. 기름부음 없이는 아무런 기적도 일어나지 않았을 것이며 나는 곤경에 처하고 말았을 것입니다.

세월이 가면서 하나님께서 몇 번인가 나에게 "그들을 주먹으로 쳐라"라고 말씀하셨습니다. 내가 주먹으로 친 사람마다 반드시 당장 치유되었습니다.

몇 년 전, 우리가 조지아 주 애틀랜타 시에서 전도 집회를 갖고 있을 때였습니다. 성령님께서 나로 하여금 한쪽 귀가 먼 사람을 불러내게 하셨습니다. 그 사람이 앞으로 나왔을 때 성령님이 나에게 그를 치라고 말씀하셨습니다. 내가 그의 머리 한 쪽을 쳤더니 "펑"하는 소리가 마치 총을 쏘았을 때처럼 크게 났습니다. 후에 사람들이 얻어맞은데 대해 그에게 물었더니 그는 이렇게 대답했습니다. "나를 주먹으로 쳤다고요? 모르겠는데요! 하나도 아프지 않았거든요. 나는 목사님께서 나를 가볍게 톡톡 두드리는 줄 알았어요." 들리지 않던 그의 귀가 열렸습니다.

그리고 내가 왜 그런 말을 했는지 나도 모르겠지만, 나는 갑자기 기름부음을 받아 "이 통로를 달려 내려가십시오"라고 외쳤습니다. 그 남자가 돌아서서 통로를 뛰어 내려갔습니다. 그는 20년 동안 뛰어 본 적이 없었는데 말입니다.

이 남자가 그 다음 집회에 참석하기 위해 준비를 하면서 옷을 갈아입다가 자기 아내에게 소리쳤습니다. "이봐, 이봐, 이것 좀 봐!" 그의 모든 정맥류 혈관이 완전히 사라졌던 것입니다.

당신은 평소에 단지 사람들에게 통로를 달려 내려가라고 시킴으로써 사람들을 치유시킬 수는 없습니다. 그러나 기름부음이 거기에 임할 때 기적이 일어납니다. 하나님께 영광을!

얼마 전, 어느 날 오후 치유사역을 위한 집회에서 성경 말씀을 가르치고 있을 때였습니다. 성경공부 시간을 막 끝낼 무렵, 어떤 사람의 등 뒤에서 나의 주먹으로 그 사람의 오른쪽 신장 바로 위를 치고 있는 나 자신을 환상 가운데 보았습니다. 내가 본 것이라고는 그 사람의 등뿐이었습니다. 그 사람이 누군지는 모르지만 청바지를 입고 있었으므로 남자였다고 생각했습니다. 그래서 나는 즉시 큰소리로 공포했습니다. "하나님께서는 저를 통해 여기 누군가를 치료하시기를 원하십니다. 오른쪽 신장은 전혀 기능을 하지 못하고 왼쪽 신장도 좋지 않습니다. 그러나 기능이 멈춘 곳은 오른쪽이군요? 누구십니까?"

그러자 한 부인이 앞으로 나왔습니다. 그 여자는 내가 보았던 청바지를 입고 있었습니다. 나는 "방금 나 자신이 한 것을 본대로 이제 내가 할 것입니다"라고 말했습니다. 나는 그 여자나 그 여자의 건강상태에 대해 전혀 아는 바가 없으나 나의 주먹으로 그녀의 오른쪽 신장 바로 위를 등 뒤에서 쳤습니다.

그녀는 페이스 시(City of Faith) 시립병원에서 치료를 받고 있던 레마 성경 훈련소 학생이었습니다. 그녀의 의사들은 그 신장 때문에 몹시 우려하고 있었으며 신장이 기능을 하지 않으니까 생체조직검사를 계획하고 있었습니다. 그러나 그녀가 의사들에게 하나님께서 나를 통해 역사하신 일을 이야기하자 성령 충만한 그녀의 주치의가 "그렇다면 수술을 미루고 기다려 봅시다"라고 말했습니다. 그 여자는 수술을 받지 않았습니다. 왜냐하면 그 신장이 다시 제 기능을 발휘하기 시작했기 때문입니다.

나는 신장 치유의 역사를 영적 영역에서 보았던 것입니다.

이러한 많은 치유의 역사는 선지자의 기름부음과 관계가 있습니다. 기름 부으심을 주시는 하나님께 감사를 드립니다.

이 기름부음의 영역에서 우리는 우리가 전에 본 적이 없는 것들을 볼 수 있다고 나는 믿습니다.

어떤 흑인 목사님은 이 기름부음을 연고라고 불렀습니다. 구약 시대에 사람들이 연고에 대해서 말했었는데, 그것은 기름부음의 한 형태였습니다.

어떤 사람이 이 목사님에게 물었습니다. "목사님이 계속 말씀하고 있는 그것이 무엇입니까? 그게 뭐예요?" 그 목사님이 말했습니다. "글쎄요, 그것이 무엇인지는 나도 모르지만, 그것이 무엇이 아닌지는 알고 있습니다." 나도 그 목사님과 의견을 같이합니다. 하나님을 찬양합니다. 우리가 기름부음이 무엇인지 전부 다 알 수는 없지만 기름부음이 없을 때는 그것을 알 수 있습니다. 그리고 이따금 설교를 할 때뿐만 아니라 찬송을 하고 우리의 직분을 수행할 때 기름부음이 "없는" 것이 아주 명백한 때가 있습니다.

하나님께서는 오늘날 하나님의 권능과 성령으로 무장한 막강한 영적 군대를 일으켜 세우시기를 원하셔서 기름부음을 우리에게 주실 것입니다.

당신은 당신이 부름 받은 사역을 위하여 주님께 구하십시오. 당신은 주님께서 원하시는 곳에 있습니까? 당신이 맡은 직분을 감당하도록 기름부음을 받았습니까? 아니면 당신은 그냥 따라다니는 사람입니까?

당신은 하나님을 위해서 뭔가를 하기를 간절히 바라면서도 자신의 위치가 어디인지를 몰라서 "뭘, 나는 주님을 위해서 일하고 있으니까 그것으로 됐어"라고 생각하고 있지는 않습니까? 그러나 그것은 괜찮지 않습니다. 하나님께서 당신을 부르셨습니까, 아닙니까? 기름부음이 당신 위에 있습니까?

제 14 장

치유를 위한 기름부음
(The Healing Anointing)

치유의 기름부음이 있습니다.

예수님께서 말씀하셨습니다. "주의 성령이 내게 임하셨으니 이는 가난한 자에게 복음을 전하게 하시려고 내게 기름을 부으시고 나를 보내사 포로된 자에게 자유를, 눈먼 자에게 다시 보게 함을 전파하며 눌린 자를 자유롭게 하고" (눅 4:18)

사도행전 10장 38절에도 예수님의 치유를 위한 기름부음에 대해 언급하고 있습니다. "하나님이 나사렛 예수에게 성령과 능력을 기름 붓듯 하셨으매 그가 두루 다니시며 선한 일을 행하시고 마귀에 눌린 모든 사람을 고치셨으니 이는 하나님이 함께 하셨음이라"

내가 구원을 받고 성령이 내 안에 거하신 후에 나는 사람들이 치유함을 받도록 했습니다. 그러나 나는 아직 성령세례에 대해서는 알지 못했기 때문에, 성령세례를 받지 못하고 있었습니다.

나 자신은 기름부음을 받은 어떤 사람에 의해서가 아니라, 하나님의 약속에 따라서 행동을 함으로써 치유함을 받았습니다. 나는 마가복음11장 23, 24절을 읽음으로써 치유함을 받았습니다. "무엇이든지 기도하고 구하는 것은 받은 줄로 믿으라 그리하면 너희에게 그대로 되리라"(24절)

나는 사람들에게 내가 배운 것, 즉 믿음과 기도를 통해서 치유함을 받을 수 있다는 것을 가르쳤습니다. 나는 기름부음을 받아 설교하는 것에 대해서는 어느 정도 알고 있었지만 기름부음을 받아 치유하는 것에 대해서는 아무 것도 몰랐습니다. 내가 사람들의 치유를 위해서 기도할 때에 아무 것도 느끼지 못했습니다. 아무것도 나로부터 나와서 그들에게 들어가지 않았습니다.

내가 관계를 맺기 시작한 오순절 교회 목사님들은 내가 모르는 성령에 대해 깊이 알고 있었습니다. 그들은 어떤 초자연적인 일이 일어나기를 기다리고 있었습니다. 그런 일이 일어났을 때에는 누군가가 치유함을 받았습니다. 하지만 그런 기적이 일어나지 않을 때에는 그 목사님들은 사람들에게 하나님을 믿도록 어떻게 가르쳐야 할지, 또 믿음만으로 어떻게 하나님을 받아들이도록 가르쳐야 하는지는 모르고 있었습니다.

나는 믿음으로 나의 사역을 계속 해 나갔고, 하나님의 말씀에 있는 약속을 근거로 하여 사람들이 치유를 받도록 했습니다.(스미스 위글스워스 목사님은 이렇게 말했습니다.

"하나님을 믿는데 있어서는 뭔가가 있습니다. 하나님은 수백만의 다른 사람들은 놔두고 꼭 당신에게만 가시게 되는 그 무엇인가가 말입니다.")

나는 성령세례를 받은 후에도 여전히 치유하기 위한 기름부음을 전혀 의식하지 못했습니다. 나는 여전히 믿음과 기도로 목회를 했고 믿음을 갖고 안수함으로 사람들이 치유함을 받도록 했습니다.

내가 성령세례를 받은 지 약 2년이 지나서야 나는 기름부음을 의식하게 되었고, 때로는 어떤 능력이 다른 사람에게로 들어가는 것을 알게 되었습니다. 우리가 기름부음의 흐름을 알 수 있는 것은 하나님의 생명이신 성령이 우리 안에 거하셔서 다른 사람들에게 역사할 수 있기 때문입니다.

문제는 여러분이 얼마나 많은 믿음을 가지고 있는가 하는 것입니다. 믿음이 적으면 결과도 적을 것이고 믿음이 많을수록 결과도 많을 것입니다. 내가 생각하기에 내가 성령세례를 받기 전에도 다른 많은 오순절 교회 목사님들보다도 내가 더 많은 결과를 얻었던 이유가 바로 그것이었습니다.

믿는 자는 누구나 – 목사이든, 평신도이든 – 환자에게 안수할 수 있습니다. 왜냐하면 치유사역은 갈보리에서 십자가의 보혈로 사신 모든 믿는 자에게 속하기 때문입니다. 우리 믿는 자는 기도할 권리를 받았기에 어떤 특별한 인도가 필요 없습니다. 이미 우리는 그렇게 하도록 지시를 받았기 때문입니다. 성경은 말씀하셨습니다. "믿는 자들에게는 이런 표적이 따르리니…병든 사람에게 손을 얹은즉 나으리라" (막 16:17-18)

따라서 오늘날에는 하나님께서 특별히 주신 기적적인 능력이나 영적인 능력 없이도 말씀을 믿음으로써 어떤 병도 치유함을 받을 수 있습니다. 반면에 치유의 기름부음을 받는 사람들도 있습니다.

예수님의 치유 사역

예수님께서 치유하는 능력의 기름부음을 받아서 치유 사역을 수행하셨다는 것을 주목해 보아야 합니다. 마가복음 5장에 나오는 혈루증을 앓던 한 여자에 관한 이야기에서 우리는 치유의 기름부음에 대해 어느 정도 알 수 있습니다.

> 마가복음 5:25-34
> 25 열두 해를 혈루증으로 앓아 온 한 여자가 있어
> 26 많은 의사에게 많은 괴로움을 받았고 가진 것도 다 허비하였으되 아무 효험이 없고 도리어 더 중하여졌던 차에
> 27 예수의 소문을 듣고 무리 가운데 끼어 뒤로 와서 그의 옷에 손을 대니
> 28 이는 내가 그의 옷에만 손을 대어도 구원을 받으리라 생각함일러라
> 29 이에 그의 혈루 근원이 곧 마르매 병이 나은 줄을 몸에 깨달으니라

30 예수께서 그 능력이 자기에게서 나간 줄을 곧 스스로 아시고 무리 가운데서 돌이켜 말씀하시되 누가 내 옷에 손을 대었느냐 하시니
31 제자들이 여짜오되 무리가 에워싸 미는 것을 보시며 누가 내게 손을 대었느냐 물으시나이까 하되
32 예수께서 이 일 행한 여자를 보려고 둘러 보시니
33 여자가 자기에게 이루어진 일을 알고 두려워하여 떨며 와서 그 앞에 엎드려 모든 사실을 여쭈니
34 예수께서 이르시되 딸아 네 믿음이 너를 구원하였으니 평안히 가라 네 병에서 놓여 건강할지어다

그 여자가 예수님을 만졌을 때 성경에는 "효능"(virtue)이 예수님에게서 나갔다고 기록되어 있습니다. 사실 그 헬라어 단어는 다른 곳에서 항상 "능력"이라고 번역되어졌습니다. 능력이 예수님으로부터 나와서 그녀 안으로 들어갔습니다. 다시 말해서, 능력의 이동이 있었습니다.

무엇이 그 능력을 예수님으로부터 나와 그 여자에게로 가게 했겠습니까? 그것은 바로 그녀의 믿음입니다. 예수께서 "딸아, 네 믿음이 너를 구원하였다"(34절)라고 말씀하셨습니다.

마태복음 14장에서도 비슷한 구절들을 볼 수 있습니다.

마태복음 14:34-36
34 그들이 건너가 게네사렛 땅에 이르니
35 그 곳 사람들이 예수이신 줄을 알고 그 근방에 두루 통지하여 모든 병든 자를 예수께 데리고 와서

> 36 다만 예수의 옷자락에라도 손을 대게 하시기를 간구하니 손을 대는 자는 다 나음을 얻으니라

비록 여기에서는 능력이 예수님께로부터 나갔다는 말은 없지만, 우리가 마가복음 5장에서 일어난 일을 알기 때문에 이 장면은 그런 점을 강하게 시사합니다. 이제는 누가복음 6장을 보겠습니다.

> 누가복음 6:17-19
> 17 예수께서 그들과 함께 내려오사 평지에 서시니 그 제자의 많은 무리와 예수의 말씀도 듣고 병 고침을 받으려고 유대 사방과 예루살렘과 두로와 시돈의 해안으로부터 온 많은 백성도 있더라
> 18 더러운 귀신에게 고난 받는 자들도 고침을 받은지라
> 19 온 무리가 예수를 만지려고 힘쓰니 이는 능력이 예수께로부터 나와서 모든 사람을 낫게 함이러라

예수님으로부터 나간 그 능력이 병든 사람들을 고쳤을 뿐만 아니라 성경에 말씀한 것처럼 더러운 귀신들린 사람들까지 고침을 받았습니다. 그 능력은 치유의 능력이었습니다. 이와 비슷한 표현이 사도행전에도 나와 있습니다.

> 사도행전 19:11-12
> 11 하나님이 바울의 손으로 놀라운 능력을 행하게 하시니
> 12 심지어 사람들이 바울의 몸에서 손수건이나 앞치마를 가져다가 병든 사람에게 얹으면 그 병이 떠나고 악귀도 나가더라

여기서 다시 우리는 사람들이 병 고침을 받고 악귀로부터 해방되는 것을 봅니다. 성경에서는 두세 명의 목격자의 입을 빌어 모든 말씀이 입증될 것임을 밝혔습니다. 우리는 치유능력에 관한 것을 다음의 성경 구절들로부터 배울 수 있습니다.

첫째, 우리는 하나님께서 뜻하시는 대로 치유 능력의 기름부음을 받을 수 있습니다. 그러나 우리가 우리 자신에게 기름을 부을 수는 없습니다.(만약 우리 스스로가 기름을 부을 수 있었다면 우리 모두가 기름부음을 받았을 것입니다.) 하나님께서 다른 사람들에게 설교자로서, 교사로서, 또 여러 가지 직분을 감당하도록 기름부음을 주시는 것과 마찬가지로 어떤 사람들에게는 치유하는 능력의 기름부음을 주십니다.

우리는 우리들 서로에게 기름을 부어줄 수 없다는 점에 유의해야 합니다. 성경은 "하나님께서 어떻게 나사렛 예수에게 기름을 부으셨는가" 하는 것과 "하나님이 바울의 손으로 놀라운 능력을 행하게 하셨다"는 것을 말하고 있습니다.

치유의 기름부음은 하나님의 능력이십니다. 그것은 동일한 성령님이긴 하지만 다른 종류의 기름부음입니다. 그것은 느낌이 다릅니다.

기름부음을 묘사하는 최상의 방법은 그것을 겉옷에 비유하는 것입니다. 만약 당신의 치수가 32사이즈라면 당신이 40사이즈를 입을 수도 있겠지만 그것이 당신에게 꼭 맞지는 않을 것입니다. 심지어 48사이즈를 입을 수도 있겠지만 그것은 마치 오버 코트처럼 보일 것입니다.

때때로 기름부음이 나에게 임하실 때에는 내가 코트를 입고 있는 것처럼 느껴집니다. 그것은 마치 누군가가 내 위에 오버 코트를 던져준 것 같은 느낌입니다. 그리고는 내가 얼마동안 나의 직분을 행한 후에는 마치 그 오버 코트가 무슨 짐처럼 들어 올려지는 것을 느끼게 됩니다. 그 오버 코트가 멀리 날아가 버리는 것처럼 느껴집니다.

당신에게서 기름부음이 거두어진 후에는 똑같은 방법으로 사람들에게 치유 사역을 계속할 수는 없습니다. 그렇다면 어떻게 해야 할까요?

나는 사람들에게 이렇게 말합니다. "자, 하나님을 찬양합시다. 성경은 언제나 그렇게 말씀합니다. 저는 여러분께 거짓말을 하지 않습니다. 기름부음이 거두어졌기 때문에 오늘 밤에는 더 이상 기름부음의 힘으로 저의 직분을 수행할 수가 없습니다. 그러나 제가 중요한 점을 여러분께 말씀드리겠습니다. 하나님의 말씀에 대한 믿음은 항상 효과가 있습니다. 저도 그런 식으로 치유함을 받았으니까요. 만일 여러분이 안수를 받기 원하신다면 믿음으로 기도해드리겠습니다."

아무런 기름부음 없이도 여러분은 믿음으로 사람들에게 여러분의 직분을 수행할 수 있습니다. 나는 불치의 암이나 다른 질병을 가진 사람들이 단지 군중 속에서 뒷자리에 그냥 앉아 있기만 했는데도 치유를 받는 것을 보았습니다. 그들은 선포된 말씀을 믿었고 또 하나님을 믿었습니다. 그들은 어떤 것을 특별히 느낀 것이 아니라 단지 그들의 믿음을 고백했을 뿐입니다. 그래서 물론 하나님께서 그들의 믿음에 응답하신 것입니다.

그런 환자 중 한 사람이 있었는데, 의사들은 그가 한 달 안에 죽을 것이라고 예측했었습니다. 그 후 4년이 지났는데도 그는 여전히 살아 있습니다. 그의 주치의는 그에게서 암의 흔적조차 발견하지 못했습니다. 그는 믿음만으로 치유를 받은 것입니다.

반면에, 같은 예배 시간에 갑자기 성령이 내게 임하셔서 내가 하고 있는 일을 나도 모르고 한 적이 있습니다. 기름부음 아래 너무나 깊이 몰입되어 사역을 행할 때에는 자기 주위에서 무슨 일이 일어나는지도 모르게 됩니다. 왜냐하면 성령의 영역 안에서 움직이기 때문입니다. 나는 기름부음을 받았을 때와 받지 않고 믿음으로 사역을 행할 때의 두 가지 방법을 모두 사용해서 사역을 하고 있습니다. 그러나 지금은 우리가 기름부음을 받아 직분을 감당하는 것을 공부하고 있습니다.

둘째, 이 능력은 하늘나라에 있는 거룩한 유형일 뿐만 아니라 만져서 알 수 있는 실체입니다. '만져서 알 수 있는' 이란 만졌을 때 인식할 수 있으며, 만져질 수 있는 것을 의미합니다.

이 능력은 만져서 알 수 있는 것이어야 합니다. 왜냐하면 예수님께서 그것이 자신으로부터 흘러 나가는 순간을 아셨기 때문입니다. 예수님은 능력이 흘러 나가는 것을 아셨습니다.

이 능력은 만져서 알 수 있는 것이어야 합니다. 왜냐하면 혈루증을 앓던 여인이 그 능력을 받은 것을 알았기 때문입니다. 한 사람으로부터 다른 사람에게로 능력이 옮겨 갔었습니다.

그 여자는 예수님의 몸을 만진 것은 아닙니다. 왜냐하면 예수님께서 "누가 내 옷에 손을 대었느냐?"라고 하셨기 때문이다, 그의 제자들이 이렇게 대답했습니다. "무리가 에워싸 미는 것을 보시며 누가 내게 손을 대었느냐 물으시나이까"(막 5:31)

얼마나 많은 사람들이 예수님의 옷을 만졌는지 알 수가 없습니다. 27절의 내용에 의하면 그 여자는 무리 가운데 섞여 뒤로 밀려왔습니다. 그 사실이 의미하는 바는 사람들이 사방에서 서로 밀고 있었다는 것입니다. 그러나 이 능력이 그들 모두에게 흘러간 것은 아니며 단지 그 여자에게만 흘러갔습니다.

셋째, 이 치유 능력은 전달 또는 전이가 가능한 것입니다. 이 능력은 안수할 때 손을 댐으로써 주로 접촉에 의해서 한 사람으로부터 다른 사람에게 흘러갈 수 있습니다. 누가복음 6장 19절에 이런 말씀이 있습니다. "온 무리가 예수를 만지려고 힘쓰니 이는 능력이 예수께로부터 나와서 모든 사람을 낫게 함이러라"

치유 능력의 저장법

　치유의 기름부음이 이 사람으로부터 저 사람에게로 전달되는 또 하나의 방법은 환자의 몸에 옷이나 손수건을 대는 것입니다. 우리는 이 치유의 능력이 옷에 '저장' 될 수 있다는 것을 깨달아야 합니다. 예를 들면, 이 치유의 능력이 예수님의 의복이나 사도행전 19장 12절에서 언급된 바울의 손수건에 저장되어 있었던 것입니다.

　예수님의 의복이 그 기름부음을 흡수했다가 혈루증 앓는 여자가 예수님의 옷을 만졌을 때 그 기름부음이 그녀에게로 흘러간 것이 분명합니다. 바울이 손수건에 자기의 손을 얹어 놓았을 때 일어난 일도 분명히 같은 현상입니다. 예수님에게 임한 그 기름부음이 의복으로 흘러 들어가서 그 의복이 기름부음이나 능력의 "충전지"가 된 것입니다. 그렇게 되면 그 옷을 환자 위에 놓을 때 병이 그들로부터 떠나고, 악귀가 그들에게서 떠나갔습니다.

　그러나 이 모든 것은 하나님께서 하신 것입니다. 하나님께서 나사렛 예수에게 기름을 부으셨고 바울의 손을 통해 특별한 기적을 일으키셨습니다. 예수님께서 자신의 사역에 대해 "아버지께서 내 안에 계셔서 그의 일을 하시는 것이라"

(요 14:10)라고 말씀하셨습니다. 그와 똑같은 능력이 바울의 옷가지들을 가져다가 병든 사람 위에 얹었을 때 나타났던 것입니다.

이 점에 대해서 좀 더 상세히 설명하고자 합니다. 종종 우리의 좁은 소견으로 우리가 생각하는 최선의 방법으로 일을 하려 하기 때문에, 하나님께서 하시고자 하는 일을 못하도록 가로막는 경우가 많습니다.

예를 들면 많은 사람들이 마귀나 귀신은 항상 식별하여 내쫓아야한다고 믿고 있습니다. 우리가 방금 공부한 성경에서는 귀신들을 식별하여 내쫓지 않았습니다. 앞에서 본 어느 경우에도 귀신을 식별하여 내쫓지 않았습니다. 그런데도 사람들은 구원함을 받았습니다. 그런 일이 때때로 일어납니다.

사람들이 병 고치는 기도를 받기 위해 줄을 지어 서 있다가 내게 다가와서 "아마도 제가 귀신들린 것 같아요"라고 말하곤 합니다.

나는 이렇게 대답합니다. "아무런 관계가 없습니다. 병을 몰아내는 바로 그 능력이 귀신도 몰아낼 것입니다. 제가 기도할 때 그 능력이 당신 안으로 들어갔습니다. 귀신에 관한 것은 잊어버리고 믿음으로 전진하십시오. 그러면 구원을 받습니다."

문제는 사람들이 성경 말씀을 기준으로 삼는 것이 아니라 자기 생각을 기준으로 삼아 살아가는 것입니다. 물론 여러분이 치유의 기름부음 없이 믿음으로 치유 사역을 한다면, 여러분은 성경 말씀을 이야기해야 합니다. 그러나 누가복음 6장에는 예수님께서 어떤 말씀을 하셨다는 아무런 언급이 없습니다. "더러운 귀신에게 고난 받는 자들도 고침을 받은지라 온 무리가 예수를 만지려고 힘쓰니 이는 능력이 예수께로부터 나와서 모든 사람을 낫게 함이러라"(눅 6:18-19) 위의 말씀은 모든 병든 자들과 더러운 귀신들린 자들이 치유함을 받았다는 의미입니다.

치유 사역을 하면서 많은 알코올 중독자들이 치유함을 받는 것을 보았는데, 그 중 한 사람은 나는 그가 알코올 중독자인 것을 모르고 있었습니다. 사실 그들 중 몇 명은 알코올 중독 때문에 기도 받으러 온 것이 아니라, 오히려 술을 많이 마신 결과 간질환과 위궤양이 생겨 치료받으러 온 것입니다.(알코올 중독도 귀신이라는 것은 조금도 의심할 여지가 없습니다.)

많은 사람들이 나에게 다음과 같이 말했습니다. "해긴 목사님, 목사님께서 안수하셨을 때 그 기름부음이 내 안에 임하셔서 저는 알코올 중독으로부터 해방 되었습니다."

똑같은 증언의 말을 미군 장교였던 한 남자로부터 들었습니다. 그는 세 군데의 국립병원과 세 군데의 개인병원에서 치료를 받았습니다. 그러나 그는 "저는 알코올 중독 치료도 받았지만 또 술을 마시곤 했답니다"라고 말했습니다. 이 남자는 거의 60세가 다 된 사람으로서 다음과 같이 말했습니다.

"제가 기억하기에는 열세 살 때 주님을 알게 되었어요. 저는 탕자의 이야기를 알고 있었습니다. 그래서 주님께 무릎을 꿇고 기도했지요. '주님, 옛날 탕자처럼 제가 돌아왔사옵니다. 주님께서 저를 용서해 주시기를 구합니다!' 라고 기도했어요."

그는 계속해서 말했습니다. "저는 주님께서 저를 받아 주신 것을 압니다. 저는 마음속에 평화를 얻었습니다. 마치 2000파운드나 되는 무게가 내 가슴으로부터 굴려 나간 것처럼 느껴졌습니다. 그러나 나의 몸은 여전히 그 술 귀신에 사로잡혀 있었습니다. 술을 끊을 수가 없었습니다." 어떤 친구가 그를 우리 집회에 초대해서 데리고 왔습니다. 그는 수년 동안 교회에 다니지 않았기 때문에 예배 시간에 사람들이 두 손을 들고 큰 소리로 기도를 하니까 무슨 영문인지 이해하지를 못했습니다.

그가 젊었을 때 다녔던 교회는 조용하고 보수적이었습니다. 그 사람은 후에 다음과 같은 말을 했습니다. "그때 목사님께서 치유 기도를 받기 위해 줄지어 서 있는 사람들에게 기도해 주기 시작했습니다. 그런데 목사님이 손을 올려 안수하는 사람마다 거의 모두 바닥에 쓰러졌습니다. 저는 놀랐습니다. 저는 친구에게 이렇게 말했습니다. '자, 내가 절망적인 상태에서 도움이 절대적으로 필요하기 때문에 나도 가서 기도를 받겠어. 하지만 나는 다른 사람들처럼 넘어지지 않을 거야!'"

계속해서 그는 말했습니다. "그 다음에 제가 기억하는 것은 제가 바닥에서 일어나고 있었다는 것입니다. 저는 제가 넘어지는 것조차 기억하지 못합니다. 두 가지 분명한 일이 저에게 일어났습니다. 첫째는 목사님이 저에게 안수를 하셨을 때 전기와 같은 것이 저의 전신으로 흘렀습니다. 따뜻함이 나의 전신으로 흘렀지요. 그것은 정말 대단한 영적인 체험이었습니다. 저는 예수님께로 더 가까이 갔습니다. 예수님을 더욱 사랑하게 되었습니다. 둘째로, 그토록 수년 동안 나를 사로잡고 있던 그 술 귀신이 나를 떠났습니다. 그 후 저는 다시는 술을 한 방울도 입에 대지 않았습니다. 다시는 술을 마시고 싶지도 않습니다!" 하나님의 능력, 즉 그 기름 부으심이 임하신 것에 대해 하나님께 감사를 드립니다.

치유와 해방

모든 종류의 귀신들린 짓을 하는 사람들, 즉 강신술과 사교(occult)등 모든 종류의 귀신을 불러내는 일과 관계했던 사람들이 치유함을 받기 위해 앞으로 나왔다가 자유함을 누리게 되었습니다. 그들은 심중에 해방에 관한 것은 생각지도 않았습니다.

어떤 사람이 말했습니다. "저는 위가 나빠서 치료받고자 왔습니다. 저는 치유함을 받았을 뿐만 아니라 그 능력이 저에게 들어온 이후로는 밤중에 더 이상 벽을 툭툭 치는 소리도 들리지 않았어요. 더 이상 어떤 목소리도 들리지 않았습니다. 그런 일들이 모두 멈췄어요."

하나님께 감사드리는 것은 병들이 그들로부터 떠나고 더러운 귀신들도 그들에게서 나갔습니다. 왜냐하면 마귀의 능력보다 더 강한 능력이 있기 때문입니다. 아픔이나 질병보다 더 강한 능력이 있습니다. 그것이 하나님의 능력입니다.

이 능력은 어떻게 작용합니까? 예수님은 그 능력을 기름부음으로 받으셨습니다. 하지만 어떻게 우리가 그 기름부음을 받아 다른 사람들에게 전해줄 것입니까?

그 기름부음은 여러 가지 방법으로 나타날 것입니다. 존 레이크 목사님은 그것을 전기에 비교하였습니다. 그는 이렇게 말했습니다. "전기는 자연의 영역에 있는 하나님의 능력이지만 성령의 능력은 영의 영역에 있는 하나님의 능력입니다."

전기도 흐르고 또한 이 초자연적인 능력도 흐르니까 거기에 이 둘의 유사성이 있습니다. 인간이 전기를 발견한 후에 전기에 관한 규칙과 법칙을 배워야 했습니다. 인간은 마침내 어떻게 하면 전기를 흐르게 할 수 있는지를 배웠습니다. 전기는 아무 물건이나 아무 금속에서 흐르는 것이 아니라는 점을 배웠습니다. 그리고 나도 경험을 통해 아무 물질이나 물체가 하나님의 능력을 전달하는 것이 아니라는 것을 배웠습니다. 우리가 성경에서 보았듯이 그 기름부음이 예수님의 옷과 바울의 손수건으로 흘러 들어간 경우에서와 같이 의류 속으로 흘러 들어갈 것입니다.

비록 종이가 그 속에 의류와 같은 요소가 있긴 해도 그 기름부음이 종이나 가죽, 혹은 다른 물체로 들어가도록 할 수는 없었습니다. 그 기름부음은 옷 안으로 흘러 들어갈 것입니다. 왜 그런지 그 이유는 나도 모릅니다. 이와 마찬가지로 왜 모든 종류의 물질이나 금속이 전기를 흐르게 하지 않는지 모르지만 어쨌든 전기는 흐르지 않습니다.

어쨌든 우리는 성령님의 능력이 예수님으로부터 흘러나와 혈루증을 앓는 여인에게로 들어갔다고 말할 수 있습니다. 성경의 말씀 그대로 인용하자면 성령의 능력이 물처럼 흘러간다고 말할 수 있는데, 그것은 예수님께서 직접 그렇게 말씀하셨기 때문입니다.

> 요한복음 7:37-39
> 37 명절 끝날 곧 큰 날에 예수께서 서서 외쳐 이르시되 누구든지 목마르거든 내게로 와서 마시라 [우리는 목마름이나 마시는 일에 대한 것을 생각할 때 물을 떠올리게 됩니다.]
> 38 나를 믿는 자는 성경에 이름과 같이 그 배에서 [그의 가장 깊은 곳으로부터] 생수의 강[이것은 물입니다. 그렇지 않습니까?]이 흘러나오리라 하시니
> 39 이는 그를 믿는 자들이 받을 성령을 가리켜 말씀하신 것이라 (예수께서 아직 영광을 받지 않으셨으므로 성령이 아직 그들에게 계시지 아니하시더라)

예수님 당시로 돌아가면, 그 당시에 전기가 알려져 있지 않았기 때문에 예수님께서는 전기를 예로 들 수가 없으셨습

니다. 만약 예수님께서 전기에 관한 비유를 말씀을 하셨다면 사람들은 예수님이 무엇에 대해 말씀하시는지 몰랐을 것입니다. 그러나 그들은 물과 물이 흐르는 것에 대해서는 알고 있었습니다.

전이될 수 있는 능력

그처럼 성령님은 전기나 물과 같이 흐릅니다. 성령님은 한 사람에게서 다른 사람으로 흐를 수 있습니다. 그러므로 이 능력, 즉 치유의 능력은 만져서 알 수 있는 실체이며 하늘의 거룩한 실재일 뿐만 아니라 전이되거나 전달될 수 있는 것입니다.

그것은 한 사람으로부터 다른 사람에게로 전해질 수 있으며 또한 한 사람으로부터 다른 사람을 통해서 전이될 수 있는 것입니다.

예수님께서 그의 열두 제자들을 부르셔서 그들에게 능력을 주셨을 때, 예수님은 분명히 능력을 전달하신 것이 분명합니다.

> 마태복음 10:1
> 예수께서 그의 열두 제자를 부르사 더러운 귀신을 쫓아내며 모든 병과 모든 약한 것을 고치는 권능을 주시니라

요한복음 3장 34절에 나온 하나님의 말씀에서는 예수님

께서 한량없는 성령을 가지셨다고 했습니다. 그래서 그가 열두 제자를 보낼 때 그들에게 능력을 주셨습니다. 그러면 그는 어디에서 이 능력을 얻게 되었습니까? 사도행전 10장 38절에서 그 대답을 찾을 수 있습니다. "하나님이 나사렛 예수에게 성령과 능력을 기름 붓듯 하셨으매…"

심지어 맡겨진 사역을 감당함에 있어서도 무엇인가가 한 사람으로부터 다른 사람으로 전도되는 일이 자주 있습니다. 신명기 34장에 나온 하나님의 말씀에 따르면 모세가 여호수아에게 안수를 했기 때문에 여호수아는 모세가 받은 것과 똑같은 지혜의 신을 가지게 되었습니다.

> 신명기 34:9
> 모세가 눈의 아들 여호수아에게 안수하였으므로 그에게 지혜의 영이 충만하니…

모세가 여호수아에게 안수함으로써 모세가 기름부음을 받았던 것과 똑같은 영적인 지혜와 능력이 여호수아에게 전달된 것이 분명합니다. 그 이유는 하나님의 능력은 전이될 수 있는 것이기 때문입니다.

누가복음 10장 19절에서 예수님께서 칠십 인에게 이렇게 말씀하셨습니다. "내가 너희에게 뱀과 전갈을 밟으며 원수의 모든 능력을 제어할 권세를 주었으니 너희를 해할 자가 결단코 없으리라" 내가 알기에는 여기에서 희랍어 '권세'는 '능력'과 같은 뜻으로 번역됩니다. 그러나 그것이 권세이든 능력이든 상관없이 예수님은 자신이 하신 일과 똑같은 일을 하도록 그들을 보내셨습니다. 예수님은 하나님의 능력으로 병든 자를 고치시고 귀신들을 내쫓으셨습니다.

예수님의 제자들이 그러한 기적들을 인간의 힘으로 할 수 있었습니까? 그렇지 않습니다. 만약 그들이 그런 일을 할 수 있었다면 벌써 하고 있었을 것입니다. 예수님께서는 그의 제자들에게 권세를 주시고 또한 분명히 능력을 주셔서 나아가 사람들을 고치고 구원하도록 하셨습니다. 마가복음 9장에서 우리는 제자들이 여행 중에 예수님께서 능력을 주시지는 않았지만 믿음으로써 귀신을 내쫓는 어떤 사람을 우연히 만났습니다. 제자들은 그가 귀신을 내쫓는 것을 금지시키고 돌아와서 이 사실을 예수님께 보고했습니다.

그러나 예수님은 말씀하셨습니다. "금하지 말라 내 이름을 의탁하여 능한 일을 행하고 즉시로 나를 비방할 자가 없느니라"(막 9:39)

그 사람은 예수님의 이름으로 귀신을 내쫓고 있었지만 그는 예수님을 알지도 못했습니다. 그는 예수님과 서로 모르는 사이였습니다. 예수님께서도 그를 알지 못했으며 또한 그를 부르지도 않으셨습니다. 예수님께서는 "내가 너에게 권세를 주노라. 내가 너에게 능력을 주노라"라고 말씀하시지도 않으셨습니다. 이 사람은 예수님의 한 집회에 왔다가 귀신을 내쫓는 믿음을 갖게 되었습니다. 그가 믿음을 통해서 귀신을 내쫓았던 것에 주목해야 합니다. 제자들이 그런 사역을 했을 때는 기름부음을 받아서 그렇게 했던 것입니다.

  우리는 기름부음에 의해서 거둘 수 있는 결과와 똑같은 결과를 믿음에 의해서도 거둘 수 있습니다. 기름부음과 믿음의 두 문제를 분리해서 생각할 필요가 없습니다.

  기름부음을 받아 사역을 행하는 사람들 중 어떤 이는 믿음에 대해 아무 것도 모르고 있습니다. 이것이 바로 1947년에서 1958년까지 미국에서 있었던 위대한 '치유 부흥'(Healing Revival) 시기에 우리가 가졌던 중요한 문제들 중의 하나였습니다. 거의 모든 치유 사역을 하는 복음전도자들이 기름부음, 즉 하나님의 능력을 받고 자기의 맡겨진 사역을 행하고 있었습니다. 그러나 그들 중의 일부는 성경을 잘 모르고 있었습니다.(당신이 성경에 관해서 평생 들은 이야기 중 가장 바보 같은 이야기를 늘어놓던 사람들이 바로 그들입니다.)

  이 운동에 참여한 대부분의 목사님들은 치유의 목소리 협회에 속해 있었습니다. 우리는 항상 추수감사절에 총회를 가졌습니다. 필라델피아에서 개최된 1954년 정기총회에서 나는 참석했던 몇몇 목사님들에게 "여기 참석한 사람들이 모두 사라져버린 후라도 저는 여전히 어딘가에서 저의 사역을 수행하고 있을 것입니다"라고 말했습니다. 우리 한두 명을 제외하고는 목사님들이 모두 결국 사라져갔는데, 나는 여전히 사역을 수행하고 있습니다.

왜 그렇습니까? 내가 기름부음을 받아 직분을 수행하는 것과 믿음으로 사역을 하는 것의 차이를 알고, 또 나는 양쪽 방법을 다 사용해서 나의 사역을 행하기 때문입니다.

다른 목사님들은 어떻게 된 것입니까? 많은 목사님들이 한 사람씩 연달아 아프게 되었습니다. 이들은 놀라운 일을 하도록 하나님으로부터 크게 쓰임을 받은 사람들이었지만 그들은 단지 기름부음만 받아 사역을 하려 했습니다. 그들 중 몇 명은 아프고 난 다음에 나에게 와서 이렇게 말을 했습니다.

한 목사님이 말했습니다. "이 기름부음은, 이 은사나 제가 받은 직분이 무엇이든 다른 사람들을 위해서는 효과가 있지만 저를 위해서는 효과가 없는 것 같습니다."(기름부음은 다른 사람들을 위해 사역하는 곳에 있습니다.) 그는 또 "왜 그 기름부음은 저를 위해서는 효과가 없습니까?" 하고 물었습니다.

나는 이렇게 대답했습니다. "하나님께서는 사도들에게 직분을 주실 때 사도들을 위해 사용하라고 주시지는 않았습니다. 하나님께서는 사도의 직분을 주신 것은 그리스도의 몸 된 교회를 위해서 주신 것입니다. 목사님도 다른 사람들과 마찬가지로 믿음으로 치유함을 받아야 할 것입니다. 그렇지 않으면 그냥 그대로 사역을 하실 수밖에 없습니다." 그는 마치 유령을 본 것처럼 나를 바라보았습니다.

그는 말했습니다. "글쎄요. 저는 믿음에 대해서 아무 것도 아는 것이 없으니 그냥 이대로 해 나가야 하겠군요."

나는 그에게 다시 말했습니다. "우리 중에 믿음에 대해 뭔가 알고 있는 몇몇 목사들이 설교하고 가르칠 때 목사님께서는 귀를 기울여 들었어야 했습니다. 목사님이 어떤 일을 감당하시도록 기름부음을 받았다고 해서 목사님께서 모든 것을 다 아신다는 뜻은 아닙니다."

또 한 분의 다른 목사님에 대한 생각이 납니다. 어느 날 밤에 사람들이 농아학교에 있던 다섯 명의 성인을 그의 집회에 데리고 왔습니다. 다섯 명 모두가 즉시 치유함을 받았습니다. 그 목사님이 눈이 먼 여인에게 안수를 하자 그 여인은 즉시 두 눈을 뜨게 되었습니다. 또 한 여인은 들것에 실려 들어왔습니다. 그녀의 주치의가 그녀는 죽을 것이라고 포기해 버린 것입니다. 그러나 그녀도 즉시 치유함을 받았습니다.

그런데도 그 목사님은 믿음에 관한 성경구절에 대해선 도대체 문외한이었고, 치유 사역에 대한 것도 성경에 무슨 내용이 있는지 거의 알지 못하고 있었습니다. 나는 이 불쌍한 친구가 어느 날 밤 하는 이야기를 듣고 기가 막혀 거의 의자에서 떨어질 뻔 했었습니다. 그러다가 훗날 그도 싫증을 내게 되었습니다.

기름부음이 그에게 임하시면 그는 그 기름부음 아래서 자기의 사역을 행하게 되며, 이때까지 본 적이 없는 위대한 일이 일어나게 됩니다. 그러고 나면 그 기름부음이 거두어집니다. 기름부음은 우리 위에 계속 남아 자신을 나타내시지는 않습니다. 왜냐하면 우리가 신체적으로 지쳐버리기 때문입니다. 우리는 그 기름부음을 오래 지탱할 수가 없습니다. 그것은 마치 전기가 흐르는 전선을 잡고 있는 것과 같아서 우리는 영원히 그것을 잡고 있을 수는 없는 것입니다.

나도 너무나 강렬한 기름부음이 내 위에 임하셨기 때문에 덜덜 떤 적도 있습니다. 나는 그 기름부음 아래서 온몸을 떨었습니다. 심지어는 나의 두 눈알까지도 펄떡거렸습니다. 너무나 강한 기름부음을 받아서 나는 군중을 볼 수조차 없었습니다. 사람들은 내가 자신들을 똑바로 바라보고 있다고 생각했지만 나는 다른 영적 영역으로 넘어가 있었기 때문에 사람들이 거기에 있다는 것조차도 몰랐습니다.

내가 그 영적 영역으로 들어가 있을 때에는 더 많은 성과를 거두게 되지만 나는 그 영역에 머무르지는 않습니다. 왜냐하면 내가 지탱할 수 없기 때문입니다. 나의 몸은 아직 죽음을 면치 못하는 신세이기에 나는 그 상태를 지탱할 수가 없습니다.

나는 주님께 "주님, 이제 꺼 주십시요! 제발 꺼 주십시요! 저는 지탱을 할 수가 없습니다. 더 이상 받을 수가 없습니다!"라고 외쳐야만 했습니다.

한 번은 함께 사역하는 사람들끼리 저녁 식사를 하다가 치유의 기름부음에 대해 이야기를 했습니다.

한 복음 전도자가 다음과 같이 말했습니다. "몇 년 동안 치유의 기름부음이 저에게 임하셨다가 떠났다가 했습니다. 항상 기름부음이 제 위에 임재 해 계신 것은 아니었습니다. 그런데 최근에 기름부음이 저에게 돌아왔습니다. 때때로 제가 밤중에 거실에서 저의 아내와 이야기하면서 앉아 있다가 잠자리에 들려고 일어나 침실로 들어갈 때면 저는 마치 영광으로 가득 찬 방으로 들어가는 것 같았습니다. 기름 부으심이 저의 온몸에 가득 찹니다. 저는 그것을 감당할 수가 없습니다. 그것은 기름부음, 즉 치유의 기름부음입니다. 그래서 결국 저는 이렇게 말하고야 맙니다. '주님, 그만 꺼 주십시요. 저는 더 이상 감당할 수가 없습니다' 라고 말할 도리 밖에 없습니다."

나는 그가 무엇을 말하고 있는지 정확하게 알고 있습니다. 신체적으로 우리는 그것을 더 이상 받을 수가 없습니다. 예수님께서는 한량없는 성령을 가지셨습니다. 하지만 만약 내가 성령을 다소나마 지나치게 많이 가진다면, 나는 그것을 감당해 낼 수가 없을 것입니다.

한량없는 성령

예수님께서 한량없는 성령을 받을 수 있었던 이유는 그의 몸이 죽지 않는 몸이었기 때문입니다.

그렇습니다. 예수님께서도 인간이셨기 때문에 우리들이 그렇듯이 모든 면에서 유혹을 당할 수 있었습니다. 그러나 예수님은 범죄 하기 전의 아담과 같습니다. 아담도 유혹을 당할 수 있었으나 그가 범죄 하기 전에는 그의 몸이 죽어야만 하는 것도 아니고 영원한 것도 아니었습니다.(아담은 음식을 먹어 그 인간의 몸을 유지할 필요가 있었습니다.) 만약 아담의 몸이 죽도록 되어 있었다면 그 몸은 죽음을 면치 못했을 것이었습니다. 그렇지만 아담은 원래는 죽도록 운명 지어져 있지는 않았습니다. 하나님의 말씀은 인간이 죄를 지을 때 죽음이 반드시 찾아온다고 하셨습니다. "그러므로 한 사람으로 말미암아 죄가 세상에 들어오고 죄로 말미암아 사망이 들어왔나니 이와 같이 모든 사람이 죄를 지었으므로 사망이 모든 사람에게 이르렀느니라"(롬 5:12) 아담이 범죄한 후에야 비로소 죽음이 사람에게 이르렀습니다.

이러한 이유 때문에 예수님께서 우리를 위하여 죄의 짐을 지신 후에야 예수님은 죽임을 당하실 수 있었던 것입니다. 그래서 예수님은 말씀하시기를 "이를 [예수님의 생명을] 내게서 빼앗는 자가 있는 것이 아니라 내가 스스로 버리노라"(요 10:18)라고 하셨습니다.

한번은 성난 폭도들이 예수님을 죽이려고 나사렛 동네 밖에 있는 낭떠러지에서 밀쳐버리려 했으나 예수님께서는 그 무리들 가운데로 지나서 사라져버리셨습니다(눅 4:29-30).

그 후 겟세마네 동산에서 예수님께서 그의 영적 본성 위에 우리의 죄와 질병을 대신 지셨을 때 그의 몸이 죽는 몸이 되어 사람들이 그를 죽일 수 있었던 것입니다.

그러나 예수님은 이 땅에서의 모든 사역에 있어서 한량없는 성령을 가지셨습니다. 한 번 상상해 봅시다. 예수님이 한량없는 성령을 가지시고 영이 예수님을 통해 흘러나와도 예수님에게는 아무런 특별한 영향을 주지 않았다는 사실을!

  전기가 자연 영역에서의 하나님의 능력이라고 비유한 레이크 박사의 설명을 다시 한 번 생각해 봅시다. 신체적으로 우리는 약간의 전기충격이나 때때로 약간의 정전기 정도는 참을 수 있습니다. 우리는 전류를 느끼고, 흔들어 떨쳐버리면 됩니다. 그러면 그 전기는 우리의 몸에 아무런 영향을 끼치지는 않습니다. 그러나 우리가 단락된 전등을 손으로 쥐어서 그 전기의 힘이 우리를 친다면 우리는 펄쩍 뛰면서 소리를 지르게 됩니다! 우리는 그 전등을 하루 종일 잡고 있지는 못합니다. 사실상 110볼트만 되어도 어떤 상황에서는 사람을 죽게 할 수도 있습니다. 그리고 만약 전압을 더 높인다면 그 전기는 우리의 피부를 태워버릴 것입니다!

  나도 어느 정도의 기름부음은 감당할 수 있습니다. 그러나 그 기름부음을 아주 오래도록 감당할 수는 없습니다. 내가 쓰러질 것처럼 느껴지는 때가 있습니다. 마치 내 두 다리가 빠져 나가는 것 같고, 내 손이 떨리고 내 팔도 떨리고 때때로 내 온몸이 떨립니다. 때로는 내 손바닥의 기름부음이 불같이 타기도 합니다.

  1950년 9월 2일 텍사스 주 락월에서 있었던 천막 집회에서 주님이 나에게 첫 번째 환상 가운데 나타나셨을 때, 주님은 자신의 오른쪽 손가락으로 나의 두 손바닥을 만지셨는데 내 두 손은 마치 불타는 석탄을 만진 것처럼 불타기 시작했습니다. 그것은 단순히 따뜻한 느낌이 아니라 마치 불타고 있는 것처럼 느껴졌습니다. 사흘 낮과 밤 동안 내 두 손이 불탔는데 드디어 나는 나도 모르게 두 손을 마주 비벼서 조금의 안도감이라도 얻으려 했습니다.

이 기름부음에 대한 특이한 점은 기름부음의 차원을 더할 수 있다는 것입니다. 동일한 기름부음이라도 기름부음의 정도는 다를 수 있습니다. 성령님은 한 분으로서 동일한 성령이십니다.(세상에는 수많은 영들이 있지만 그들은 악령들입니다. 우리는 그들에 대한 관심도 없고 또한 우리는 그들을 지배할 권세를 받았기 때문에 그들을 두려워하지도 않습니다.)

예수님께서는 "만약 기름부음이 너를 떠나면 그 기름부음이 다시 돌아올 때까지 금식하고 기도하라"라고 말씀하셨습니다. 그래서 만약 기름부음이 약해지면 나는 조금 더 금식하고 조금 더 기도할 것이고, 그러면 기름부음이 다시 강하게 돌아올 것입니다.

특별한 기름부음

예수님은 나에게 "내 앞에 무릎을 꿇어라"라고 말씀하셨습니다. 나는 예수님 앞에 무릎을 꿇었습니다. 예수님께서 내 머리에 손을 얹으시고 "내가 너를 불러 기름을 붓고 병든 자에게 치유 사역을 행할 특별한 기름부음을 주노라"라고 하셨습니다. 그런 다음에 예수님께서 "너의 두발로 똑바로 일어서라. 이러한 방법이 병든 자에게 치유사역을 하는 유일한 길이 아님을 너는 이해하게 될 것이다"라고 말씀하셨습니다.

내가 대답했습니다. "저는 알고 있습니다. 저는 수년 동안 여러 가지 다른 방법으로 치유 사역을 수행하고 있었습니다." 그러고 나서 우리는 다른 방법들에 대해 이야기를 했습니다.

그때 예수님은 말씀하셨습니다. "내가 네게 말한 것을 정확하게 사람들에게 말하지 않는다면 이 기름부음은 효과가 없을 것이다."

왜 예수님은 내가 예수님이 말씀하신 것을 말하기를 원하실까요? 여기에 한 가지 원칙이 있습니다. 우리는 같은 사실을 혈루증 앓던 여인의 이야기에서 볼 수 있습니다. 예수님께서 그 여인에게 "딸아 네 믿음이 너를 구원하였으니"(막 5:34)라고 하신 말씀을 주시해 봅시다. 믿음은 치유와 관계가 있습니다.

어떤 사람은 이렇게 말할지도 모릅니다. "뭐, 내 생각에 그녀를 고친 것은 주님에게로부터 나간 그 기름부음, 즉 그 능력인데요." 그렇습니다. 그것은 때때로 사실이지만, 그러나 여러분을 구원하는 것은 여러분의 믿음입니다. 그 여인은 어떻게 믿음을 얻었습니까? 왜 그녀는 예수님께 믿음을 가졌으며 예수님이 받은 기름부음에 대해 믿음을 갖게 되었습니까? 마가복음 5장 27-28절에서는 이렇게 말합니다. "예수의 소문을 듣고 무리 가운데 끼어 뒤로 와서 그의 옷에 손을 대니 이는 내가 그의 옷에만 손을 대어도 구원을 받으리라 생각함일러라"

예수님께서 나에게 말씀하셨습니다. "만일 내가 네게 말한 것을 네가 정확하게 사람들에게 말하지 않는다면 이 기름부음은 효과가 없을 것이다." 왜 주님은 내가 당신에게 주님이 하신 말씀을 말하기를 원하실까? 그렇게 해야 당신이 그것을 믿을 수 있기 때문입니다.

예수님은 이렇게 말씀하셨습니다. "내가 네게 말한 것을 정확하게 사람들에게 말하라. 다시 말하자면, 네가 나를 보았다고 그들에게 말하라. 내가 네게 말했다고 그들에게 말하라. 내가 너의 양 손바닥에 나의 오른쪽 손가락을 놓았다고 사람들에게 말하라. 사람들에게 치유의 기름부음이 너의 손에 임했다고 말하라."

예수님의 유머 감각

그리고 예수님께서는 빙그레 웃으셨습니다. 나는 지금도 예수님께서는 어떻게 미소를 지으셨는지 떠올릴 수 있습니다. 그러면서 나의 두 손에 기름 부으신 것에 대해서 다음과 같이 말씀하셨습니다. "너의 발에 기름이 부어진 것이 아니다. 그래서 나는 너에게 사람들 위에 발을 올려놓으라고 말하지 않았다. 또한 너의 머리에 기름이 부어진 것도 아니다. 그래서 나는 네게 사람들 위에 머리를 올려놓으라고 말하지 않았다. 기름 부음은 너의 손에 있다." 예수님은 이 말씀을 하시면서 빙그레 웃으셨습니다. 나는 예수님이 유머 감각을 갖고 계신다고 믿습니다. 그렇지 않습니까?(나는 그렇다고 알고 있습니다.)

"만일 사람들이 네가 기름부음을 받았다는 것을 믿는다면 그들도 또한 기름부음을 받게 될 텐데, 그 능력이 너의 손으로부터 사람들의 몸으로 흘러 들어가 질병과 허약함을 몰아내고 치유의 역사가 일어날 것이다. 이 사실을 사람들에게 말하라고 내가 너에게 명했다는 것을 사람들에게 말하라." (이번에는 예수님께서 그것을 기름부음이라 부르는 대신에 '그 능력'이라고 부르신 것을 주시해야 합니다.)

나는 그 기름부음으로 사역을 행하기 시작했습니다. 1952년 1월에 나는 텍사스 주의 포트 아써에서 집회를 인도하고 있었습니다. 그 당시에 나는 설교를 끝마치고 사람들을 앞으로 불러낸 후에 사람들의 일부를 기도실로 보내어 구원을 받도록 하고 다른 일부의 사람들을 줄지어 서게 하여 치유함을 받고 성령 충만함을 받도록 안수하고 있었습니다. 나는 강단 위 의자에 앉아 사람들이 지나갈 때 그들에게 안수를 해주기도 하고 또한 그들과 개인적으로 이야기하면서 시간을 보내기도 했습니다. 그 당시에는 하룻밤에 기도 받으러 줄지어 서 있는 사람이 25-50명이었기 때문에 그렇게 할 시간을 낼 수 있었습니다.

어느 날 밤 의자에 앉아서 안수를 해주고 있을 때에 갑자기 다른 때보다 더 강한 기름부음이 내게 임했습니다. 우리는 누구나 치유할 때나 설교할 때 혹은 어떤 사역을 감당할 때 다소간의 차이는 있어도 기름부음을 받을 수 있습니다. 우리는 여기서 사역에 대해 이야기하고 있습니다.

개인적인 기름부음

거듭나서 성령 충만하게 된 믿는 자는 모두 그 안에서 어느 정도의 기름부음을 받는다고 요한일서 2장 27절에서 말하고 있습니다.

> 요한일서 2:27
> 너희는 주께 받은바 기름 부음이 너희 안에 거하나니 아무도 너희를 가르칠 필요가 없고 오직 그의 기름 부음이 모든 것을 너희에게 가르치며 또 참되고 거짓이 없으니 너희를 가르치신 그대로 주 안에 거하라

그러나 이런 "개인적인 기름부음"은 절대로 증가되지 않습니다. 성경에서 우리가 두 몫의 개인적인 기름부음을 받을 수 있다고 지적한 곳은 한 군데도 없습니다. 물론 엘리사

는 엘리야가 받았던 것의 갑절을 받았으나 그것은 직무를 수행하라는 기름부음이었습니다.

내가 강단 의자 위에 앉아 있었을 때 마치 누군가가 내 위에 무엇인가를 던지는 것처럼 느껴졌습니다. 나는 그것을 나의 온몸으로 느낄 수 있었습니다. 그것은 마치 누군가가 내 어깨 위에 망토를 던진 것과 같은 느낌이었습니다. 그것은 내 몸의 모든 부분을 통해서 진동하고 있었습니다. 나는 그것을 나의 영으로 알았습니다. 또한 그것이 오래 지속되지 않을 것이라는 것도 나는 알고 있었습니다. 그 이유는 내가 신체적으로 그것을 그렇게 오래 감당할 수 없었기 때문입니다. 그래서 나는 강단에서 뛰어 내려와 안수기도를 받으려고 줄을 서 있는 사람들 옆으로 달려가면서 그들의 아마를 툭툭 쳤습니다.

나는 성령에 너무 압도되어 있었기 때문에 그때 했던 일에 대해 나중에 목사님이 이야기해 주어서 알게 되었습니다. 내가 뛰기 시작한 것은 기억이 나지만 내가 두 눈을 크게 뜨고 있었음에도 불구하고 나는 아무 것도 볼 수 없었습니다.(영적인 일을 묘사하기란 어려운 일입니다.)

통상적 기름부음

내가 만진 사람은 모두 그 능력 아래서 쓰러졌습니다.(이런 일은 내가 목회할 때 단지 한두 번만 일어났습니다.) 그리고 갑자기 그 기름부음이 나로부터 거두어져 버리는 것이었습니다. 내가 주위를 돌아보니 사람들이 바닥에 누워 있는 것이 보였습니다. 나는 강단으로 돌아와 앉았습니다. 그리고는 내가 "통상적 기름부음"이라고 부르는 안수기도로 줄을 서 있는 사람들을 위해 기도해 주고 마쳤습니다.

나중에 목사님은 내가 34명에게 안수를 했다고 말했습니다. 그 목사님이 말했습니다. "그들 중 약 17명이 성령을 받았는데 그들은 마루에 누워 방언을 했습니다. 그들 대부분이 우리 교회의 교인들입니다. 정말 놀랐습니다. 그런 장면은 처음 보았습니다. 왜냐하면 그들 중 몇 명은 상습적으로 성령을 받으려던 사람들로서 수년 동안 성령세례를 갈망하고 있었기 때문입니다."

이런 역사는 다시 일어나지 않다가 1954년 9월이 되어서야 비로소 다시 일어났습니다. 그때 나는 캘리포니아 주 산호세에 있는 포스퀘어 제일교회에서 주일날 세 번의 설교를 모두 했었습니다. 아침 예배가 끝나고 사람들을 보내면서 나는 말했습니다. "오늘 오후 예배에 참석하십시오. 그러면 믿는 자에게는 성령 충만 받도록, 그리고 병든 자에게는 치유함을 받도록 안수해 드리겠습니다."

그날 오후 예배 때 우리는 성령 충만 받기를 원하는 사람들을 한 줄에 서게 하고 또 치유받기를 원하는 사람들을 다른 줄에 서게 했습니다. 그 교회 목사님과 또 다른 친구 목사님 한 분이 나를 도와주었습니다. 내가 안수를 시작하자 기름부음이 나에게 임했습니다. 이번에도 누군가가 내 옆에 달려와서 내 위에 코트를 던져 덮어씌운 것처럼 느껴졌습니다. 나는 온몸에 그것을 느낄 수 있었습니다. 이번에도 역시 내가 신체적으로 오래 지탱할 수 없기 때문에 그 기름부음이 오래 임재해 있지 않으리라는 것을 알았습니다. 그래서 나는 빨리 지나가면서 손가락으로 사람들을 만지기만 했습니다.(사람들을 손으로 만질 시간도 없었습니다.)

나는 그 영광 속에 사로잡혀 있었으며 내가 만진 사람은 모두 쓰러졌다고 사람들이 내게 말해 주었습니다. 그리고 서는 그 기름부음이 나에게서 거두어졌습니다. 그렇지 않았더라면 나는 더 이상 그 기름부음을 감당할 수 없었을 것입니다.

그처럼 강력한 기름부음이 지난 20년 동안에 나에게 네 번 임했습니다.

1970년 9월에 나는 아내와 함께 뉴욕 주에 있는 동안에 주님께서 나에게 털사로 돌아가 세미나를 개최하라고 일러 주셨습니다. 그 당시 우리 사무실은 북부 유티카에 있는 T. L. 오스본 목사님의 오래된 사무용 건물 안에 위치하고 있었습니다. 우리는 그 건물 안에 300명을 수용할 수 있는 조그만 교회를 갖고 있었습니다. 그래서 때때로 그 교회에서 세미나도 열곤 했었습니다.

주님께서 나에게 1970년 10월 11일에서 18일까지 밤에는 치유의 세미나를 갖고 아침에는 기도의 세미나를 가지라고 말씀하셨습니다. 주님은 "중보기도에 대해서 가르쳐라"라고 말씀하셨습니다.(그때 전한 메시지들은 후에 『중재자 그리스도인』(The Interceding Christian)이라는 책으로 출판되었습니다.)

그토록 강력한 기름부음

예수님은 예배 때마다 무엇에 관하여 말씀을 전할 것인지 나에게 말씀해 주셨습니다. "수요일 밤 예배 때는 특별한 사역과 특별한 기름부음에 관하여 이야기해라. 내가 20년 전에 네게 나타나서 말했던 내용에 대해 너의 경험과 연관시켜 말하도록 해라. 그리고 사람들에게 안수해라. 그러면 네가 사람들에게 안수할 때, 지난 20년 동안 네게 네 번 임했던 강한 기름부음이 네 안에 거하게 될 것이다. 이것이 너를 위한 새로운 출발이 될 것이다. 네가 당연히 수행했어야 했던 치유사역을 아직 다 수행하지 못했다."

(그 이후로 계속 나는 하나님께서 하시는 일을 따라 가려고 노력하면서 뛰고 있습니다. 주님을 뒤따라가려면 내 모든 시간과 노력을 들여야 합니다!)

1970년 세미나가 열리기 6주 전에 나는 환상을 보았는데 사람들이 작은 강당의 앞과 연단 위에 누워 있었습니다. 나는 무슨 일이 일어날 것인지 알고 있었지만 아무에게도 이야기하지 않았습니다. 내가 사람들을 넘어지게 했다든지 그런 분위기가 되도록 어떤 방식으로든지 영향을 주었다는 구설수에 오르기를 원하지 않았기 때문입니다.

내가 그 세미나 기간 동안 사람들에게 안수를 했을 때 사람들은 곳곳에서 쓰러지기 시작했습니다. 나에게 임하신 기름부음은 그토록 강력한 것이었습니다. 그날 밤 나의 사역을 마친 후에 나는 술 취한 사람처럼 비틀거렸습니다. 내가 차를 운전해서 집에까지 가는 것은 말할 것도 없고 도움을 받지 않고는 내 차에까지 갈 수도 없었습니다. 누군가가 나를 집에까지 태워다주고 차에서 내리는 것도 도와주어야 했습니다. 사람들이 나를 큰 안락의자에 앉혔는데 두 시간이 지나서야 내가 정상으로 돌아와 의자에서 일어나 걸을 수 있었습니다.

그러한 이유 때문에 치유 사역을 위한 집회를 하는 동안에는 회중으로부터 멀리 떨어져 있으려고 합니다. 기름부음이 그처럼 나의 다리에 영향을 끼칠 때는 걸을 수가 없습니다.

또한 내가 그런 강한 기름부음 아래에서 나의 직분을 수행할 때면 사람들에게 "제게 말 걸지 마십시오."라고 말합니다. 당신도 알겠지만 내가 자연의 영역과 정신의 영역으로 되돌아오게 되면 나는 기름부음을 잃어버리게 될 것입니다. 그래서 나는 사람들이 나를 만지거나 나를 육신의 영역으로 되돌아오게 할 어떤 일도 하기를 원하지 않습니다. 나를 혼자 가만히 두기를 바라는 것입니다.

부흥집회에서 나와 함께 일하는 사람들과 내 아내는 치유를 받기 위해 줄을 서 있는 사람들에게 발생한, 나도 모르는 일들에 대해 나에게 이야기해 줍니다.(그렇다고 해서 내가 의식이 없었다는 뜻이 아닙니다.) 때때로 웃기는 일들이 일어나서 그들이 웃기 시작할 때도 있습니다. 그러나 만일 내가 그런 일을 알아서 그들과 함께 웃게 된다면 나는 그 기름부음을 상실하고 자연의 영역으로 되돌아오게 될 것입니다.

나는 항상 어느 정도의 기름부음을 가지고 있습니다. 항상 말입니다. 그리고 내가 기름부음에 대해 언제든지 이야기를 시작할 수 있는데, 그러면 기름부음이 다소간 정도의 차이는 있지만 나타나곤 합니다. 내 양손의 손바닥이 자주 불타기 시작합니다.

기름부음을 더 강력하게 하려면

나는 몇 가지 일을 함으로써 나에게 임하시는 기름부음을 더 강하게 할 수 있습니다. 그 몇 가지 일이란 것은 비록 내가 그런 일들을 하기 위한 시간이 항상 있는 것은 아니지만 금식을 조금하고, 평소보다 조금 더 기도하며, 평소보다 조금 더 하나님을 섬기는 일입니다.

이러한 일들로 인해 나는 또 다른 생각을 하게 됩니다. 내가 더 강한 기름부음을 받게 될 때에는 나는 항상 빨리 더 많은 치유의 응답을 받게 된다는 것을 깨닫게 되었습니다.

나는 과거에도 그러했고 현재에도 여전히 암 환자들에게 안수하여 치유하는데 큰 성공을 거두었습니다. 그러나 수년 동안 즉시로 치유된 사람은 아주 소수였습니다.

비록 그 능력이 사람들에게 흘러 들어가서 그들이 그 능력을 받긴 하지만 그들의 치유가 항상 즉각적으로 일어나는 것은 아닙니다. 때때로 3일에서 10일이 걸려야 비로소 암 환자들은 차도를 느끼기 시작합니다. 그러나 결국 그 능력이 그들의 몸으로부터 암을 몰아내고 맙니다.

대부분의 치유는 두 가지 조건에 좌우됩니다.

(1) 베풀어진 치유 능력의 정도
(2) 베풀어진 능력을 촉진시키는 믿음의 정도

내가 얼마나 강한 기름부음을 받았는지는 문제가 되지 않습니다. 만약 그 능력을 실제로 촉진시키는 믿음이 없다면 치유함을 받을 수 없습니다. 잠언 4장을 보면 이것을 증명할 수 있습니다.

> 잠언 4:20-22
> 20 내 아들아 내 말에 주의하며 내가 말하는 것에 네 귀를 기울이라
> 21 그것을 네 눈에서 떠나게 하지 말며 네 마음속에 지키라
> 22 그것은 얻는 자에게 생명이 되며 그의 온 육체의 건강이 됨이니라

만약 여러분이 참고자료가 잘 기록되어 있는 좋은 성경책을

가지고 있다면 "건강"이라는 단어 옆에 작은 숫자나 글자를 보게 될 것입니다. 그 난외주는 히브리어 원전에서 "건강"으로 번역된 단어가 원래 "약"이라는 단어였음을 나타내는 것입니다. 다시 말하면, 하나님께서 "내 말은 그 온 육체의 약이 됨이니라"라고 말씀하시는 것입니다.

딱 한 번 복용한 후에 여러분을 낫게 할 약을 알고 있습니까? 아닙니다. 누구도 그런 약을 알지 못합니다. 여러분도 하나님의 말씀을 딱 한번 보고 치유함을 받을 수는 없는 것입니다. 하나님께서는 말씀을 주셔서 사람들을 치유하셨다고 성경은 말씀하고 있습니다. 하나님께서는 "나의 말이 약이니라"라고 말씀하셨습니다.

성령의 영역을 탐험하며

예수님께서 내게 약속하셨듯이 기름부음이 나에게 임한 그 첫날 밤 이후로 계속 그 기름부음이 내 안에 잠재되어 있었습니다. 그렇긴 하지만 지난 13년 동안에는 그렇게 강한 기름부음이 다시 임하지는 않았습니다. 한 번인가 두 번은 강한 기름부음에 가까웠으나 그때에는 내가 다시 자연의 영역으로 돌아오는데 두 시간이 걸렸었습니다.

당신이 성령에 대한 체험이 있는지 없는지는 모르지만, 내게는 많은 체험이 있습니다. 아주 솔직하게 말하자면 그 기름부음이 임할 때에는 우리는 대부분 자연적 현상의 시각에서 보아 두려움을 느낍니다. 왜냐하면 우리가 다시 자연의 영역으로 돌아올 수 없을까봐 두려워하기 때문입니다.

1982년 8월에 캘리포니아 주 잉글우드 시의 크렌쇼 기독교 센터에 있는 프레드 프라이스 목사님의 교회에서 기름부음이 나에게 너무 강하게 임해서 나는 영어로는 한 마디도 말할 수 없었고 돌아올 수도 없었습니다. 그 체험을 하는 동안 줄곧 나는 "이제 돌아갈 수 없구나. 내가 너무 멀리까지 와 버렸어. 나는 돌아갈 수 없어!"라고 생각했습니다.

"돌아온다는 말이 무슨 뜻입니까?"라고 물어볼 수도 있을 것입니다.

나는 에녹에게 무슨 일이 일어났었는지 정확히 알고 있습니다. 그는 성령의 영역으로 나가서 돌아올 수가 없었습니다. 나는 다시 돌아오고 싶습니다. 그래서 나는 너무 멀리 나가지는 않습니다.

오늘날 우리는 성령의 영역을 탐구하여 우리가 어제 몰랐던 일들을 배우게 됩니다.

현대에 인간들은 외계의 우주를 개척해 왔습니다. 그러나 인간들이 처음부터 달에 도달한 것은 아니었습니다. 처음에는 겨우 중력의 지배를 벗어나 다른 영역에 들어가게 되었습니다.

왜 그랬을까요? 인간들은 저기 저 밖에는 무엇이 있는지 몰랐기 때문입니다. 그들은 우주공간을 지배하는 규칙과 법칙을 몰랐습니다. 심지어 그들은 자신들이 다시 돌아올 수 있을지 없을지를 몰랐습니다. 그래서 인간들은 처음에는 겨우 벗어나기만 하고, 둘러본 다음, 매번 조금씩 조금씩 더 나아갔습니다. 그러다가 마침내 그들은 멀리 달까지 가서 그 위에서 걷기도 했던 것입니다.

여기에 공통점이 있다고 생각합니다. 왜냐하면 예전에 다니엘이 마지막 때에 대해 예언했기 때문입니다. 다니엘은 이렇게 말했습니다. "많은 사람이 빨리 왕래하며 지식이 더하리라"(단 12:4)

지식이 점점 더해져 갑니다. 우리 중 어떤 사람은 성령의 영역 가장자리에 약간 나가 있긴 하지만, 그러나 우리는 너무 멀리 가 있지는 못합니다.(사람들이 성령세례를 받고 방언을 하면 '바로 이것이구나!' 라고 생각합니다. 그러나 그것이 아닙니다. 아닙니다. 절대 절대 아닙니다.)

요즘에는 남자 우주 비행사뿐만 아니라 여자 우주 비행사도 있습니다. 우주 비행사들이 먼 바깥 우주공간에서 탐험을 하고 있는 반면에 우리는 여기 영의 영역에서 탐험을 하고 있는 것입니다.

바로 레마 성경 훈련 센터(RHEMA Bible Training Center)로부터 우리는 "남자 성령 비행사"와 "여자 성령 비행사"를 내보낼 것입니다.

제 3 부

집단적인 기름부음
(The Corporate Anointing)

제 15 장

집단적인 기름부음
(The Corporate Anointing)

비록 성경에 의해서 증명할 수도 반박할 수도 없는 내용이긴 하나, 내가 전적으로 믿고 있는 것은, 그리스도의 몸을 구성하는 전체로서의 우리는 예수님께서 가지셨던 것과 같은 정도의 성령을 갖게 되지만, 우리가 그리스도의 몸의 한 구성원인 개개인으로서는 그렇지 못하다는 사실입니다.

모든 기름부음 중에서 가장 위대한 기름부음은 집단적인 기름부음입니다.

구약성경 중에서 몇 구절을 살펴보겠습니다. 구약성경은 우리를 위한 모형과 그림자들로 가득 차 있습니다. 역대하 5장에서 우리는 하나님의 성전이 어떻게 봉헌 되었는가를 알게 됩니다.

> 역대하 5:11-14
> 11 이 때에는 제사장들이 그 반열대로 하지 아니하고 스스로 정결하게 하고 성소에 있다가 나오매
> 12 노래하는 레위 사람 아삽과 헤만과 여두둔과 그의 아들들과

> 형제들이 다 세마포를 입고 제단 동쪽에 서서 제금과 비파와 수금을 잡고 또 나팔 부는 제사장 백이십 명이 함께 서 있다가
> 13 나팔 부는 자와 노래하는 자들이 일제히 소리를 내어 여호와를 찬송하며 감사하는데 나팔 불고 제금 치고 모든 악기를 울리며 소리를 높여 여호와를 찬송하여 이르되 선하시도다 그의 자비하심이 영원히 있도다 하매 그 때에 여호와의 전에 구름이 가득한지라
> 14 제사장들이 그 구름으로 말미암아 능히 서서 섬기지 못하였으니 이는 여호와의 영광이 하나님의 전에 가득함이었더라

성전이 봉헌 되었을 때 이 건물은 문자 그대로 구름으로 가득 차 있었습니다. 그 구름은 하나님의 영광이었습니다.

구약성경 전체를 통해서 하나님의 영광은 종종 구름으로 나타나서 그 집에 가득 차게 됩니다. 신약성경은 하나님의 영광이 곧 하나님의 영이심을 말씀하고 있습니다.

로마서 6장은 그리스도께서 하나님 아버지의 영광으로 인하여 죽음으로부터 부활하셨다는 것을 말해 주고 있습니다. 로마서 8장 11절은 우리에게 "예수를 죽은 자 가운데서 살리신 이의 영이 너희 안에 거하시면…"이라고 말씀하고 있는데, 이것은 예수님께서 하나님 아버지의 영광으로 인하여 부활하게 되었다는 것을 뜻하는 것입니다. 성경에서는 하나님 아버지의 영광을 영이라고 부르는데 바로 그 영이 성령이시며, 우리는 이 성령님을 기름부음이라고 부르는 것입니다.

예수님께서 말씀하셨습니다. "주의 성령이 내게 임하셨으

니 이는 가난한 자에게 복음을 전하게 하시려고 내게 기름을 부으시고…"(눅 4:18)

구약성경에 보면 하나님의 성전은 인간이 만든 건축물이었습니다. 그러나 하나님은 이제 더 이상 땅에서 인간이 만든 건물 안에 거하지 않으십니다. 하나님께서는 우리 안에 거하시는 것입니다.

히브리서 3장 6절에는 구약성경에서의 하나님의 집과 신약성경에서의 하나님의 집과의 차이점을 말하고 있습니다. "그리스도는 하나님의 집을 맡은 아들로서 그와 같이 하셨으니 우리가 소망의 확신과 자랑을 끝까지 굳게 잡고 있으면 우리는 그의 집이라"

전체 교회는 집단으로서 하나님의 성전인 것입니다.

그러면 디모데전서 3장 15절을 주의해서 읽어봅시다. "만일 내가 지체하면 너로 하여금 하나님의 집에서 어떻게 행하여야 할지를 알게 하려 함이니 이 집은 살아 계신 하나님의 교회요 진리의 기둥과 터니라"

위의 말씀에서 바울은 건물에 관하여 말하는 것이 아니라, 교회에 관하여 말하고 있는 것입니다. 살아계신 하나님의 교회가 바로 하나님의 집인 것입니다.

고린도전서 3장 16절은 "너희는 너희가 하나님의 성전인 것과 하나님의 성령이 너희 안에 계시는 것을 알지 못하느냐"라고 말씀하고 있습니다. 구약성경에서는 솔로몬의 성전을 하나님의 집이라고 세 번 불렀습니다. 그러나 이제는 우리가 바로 하나님의 집인 것입니다. 확대번역성경에서는 고린도전서 3장 16절을 다음과 같이 말하고 있습니다. "너희 [고린도에 있는 전체 교회]는 하나님의 성전(하나님의 지성소)인 것과 하나님의 성령이 너희 [교회로서 집합적으로 그리고 또한 개인적으로] 안에 함께 거하시기 위해서 그의 영원한 처소를 너희 안에 정하신 것을 이해하고 깨닫지 못하느냐?"

위에서 본대로 성령, 즉 기름부음이 우리 안에 거하시기 때문에 우리 가운데는 개인적인 기름부음도 있고 또한 집단적인 기름부음도 있습니다. 우리는 우리 가운데 거하시는 성령님이 실제 나타나시는 것을 수없이 많이 인식하고 있습니다. 그러나 왜 성령님은 자신을 더 자주 나타내 보이지 않으십니까?

구약성경으로 돌아가서 하나님의 영광을 가시적으로 나타내기 위하여 어떤 일을 했는지 살펴봅시다.

역대하 5장 13절에 의하면, 나팔 부는 자와 노래하는 자가 일제히 소리를 발하여 "선하시도다 그 자비하심이 영원히 있도다"라고 말하며 여호와를 찬송했습니다. 그때 구름이 밀려와서 여호와의 전에 가득 차 제사장이 그 구름으로 인해 예배하는 직분을 감당할 수가 없었습니다.

함께 집단을 이루어 하나님을 일제히 찬양함으로 하나님의 영광을 나타나게 하는 일이 일어났습니다. 오순절 계통 사람들은 이 일을 일찍 알았습니다. 그러나 오늘날의 은사주의 교회들은 이 일에 대하여 많이 알지 못하고 있습니다.

그렇습니다. 우리는 하나님을 찬양하며 손뼉을 칩니다. 그렇게 하는 것은 성경적인 것입니다. 그런데 하나님께서 성령에 대한 것을 우리 모두에게 가르쳐 주시기를 원하시는데 그것은 하나님께서 우리 모두를 위해 예비하신 역사에 우리가 동참하도록 하기 위함입니다. 왜냐하면 우리 모두를 위한 집단적인 기름부음은 개인적인 기름부음보다 더 위대한 것이기 때문입니다.

구약성경의 말씀과 유사한 말씀을 신약성경에서 찾아보면 우리들에게 도움이 될 것입니다.

> 사도행전 2:46-47
> 46 날마다 마음을 같이하여 성전에 모이기를 힘쓰고 집에서 떡을 떼며 기쁨과 순전한 마음으로 음식을 먹고
> 47 하나님을 찬미하며 또 온 백성에게 칭송을 받으니 주께서 구원 받는 사람을 날마다 더하게 하시니라

위에서 인용한 두 구절에서 세 가지 유의할 점이 있습니다. 첫째는 "마음을 같이하여"라는 말이고, 둘째는 "기쁨"이란 말이고, 셋째는 "하나님을 찬미하며"라는 말입니다.

사도행전 4장을 보면 베드로와 요한이 더 이상 설교도 하지 말고 가르치지도 말라는 명령을 받고 풀려나는 내용이 있습니다.

사도행전 4:23-24
23 사도들이 놓이매 그 동료에게 가서 제사장들과 장로들의 말을 다 알리니
24 그들이 듣고 한마음으로 하나님께 소리를 높여 이르되 대주재여[주님, 당신은 하나님이십니다. Lord, thou art God, 킹 제임스 성경] 천지와 바다와 그 가운데 만물을 지은 이시오

여기서도 "한마음으로"라는 언급이 다시 한 번 나오고 있습니다. 그들은(복수 입니다), 즉 그 모든 사람들은 그들의 목소리를 높였습니다. 우리는 성경에서 그들이 행한 기도의 내용을 읽을 수 있습니다. 내가 알기에는 그들이 모두 동일한 말로 기도한 것은 아니었으나 성령님께서는 누가에게 영감을 주셔서 그 내용을 쓰게 하셨습니다. 하나님께서는 자신이 들었던 기도 내용을 우리에게 주신 것입니다.

찬양의 효과

그들이 한마음으로 소리를 높여 기도했을 때 그들이 말한 첫마디는 "대주재여[주님 당신은 하나님이십니다]"(24절)라는 말이었음을 주목하여 보기 바랍니다. 그들은 주님을 하나님으로 찬미하였습니다. 그리고 그들이 기도했을 때 모인 곳이 진동을 했습니다. 그들의 기도가 하나님의 영광을, 하나님의 능력을, 기름부음을, 성령의 능력을 나타나게 한 것입니다. 사람뿐만 아니라 땅이 진동했으며 집도 진동했습

니다. 성령께서 사람들에게 임하실 때 때때로 사람들은 진동하기도 하고 그 능력 아래서 넘어지기도 하기 때문에 어떤 사람들은 흥분을 합니다. 그러나 건물이 진동하기 시작할 때까지 기다려 보십시오! 그들이 함께 모여 있는 장소가 진동했으며 그들은 모두 성령으로 충만하여 하나님의 말씀을 담대하게 전했던 것입니다.

사도행전 16장을 보면 바울과 실라가 매를 맞아 등에서 피를 흘리며 깊숙한 감옥에 투옥되었다는 얘기가 있습니다. 바울과 실라는 차꼬에 발이 묶인 채로 한밤중에 기도를 드렸습니다.

사람들은 여러 번 기도하고, 기도하고, 또 기도합니다. 나는 사람들이 기도에 푹 빠져버리는 것을 본 적도 있습니다. 때에 따라서 우리는 "기도하고 또…" 할 필요가 있습니다.

그러나 바울과 실라는 그저 기도만 한 것이 아니었습니다. 그들은 기도하고 하나님을 찬양하는 노래를 불렀습니다. 그들은 큰 소리로 기도하고 찬미하였기에 모든 죄수들이 다 들을 수 있었습니다. 시편 22편 3절에서 하나님은 이스라엘의 찬송 중에 거하신다고 말씀하고 있음을 기억하십시오. 하나님은 그때나 지금이나 동일하신 분이십니다. 하나님은 티끌만치도 변한 것이 없으십니다.

하나님께서 임하셔서 바울과 실라의 찬송 중에 거하셨습니다. 그리고 하나님은 그 오랜 옥터를 진동시키셔서 마침내 모든 옥문이 다 열리게 되고 차꼬가 발에서 떨어져 나가게 되었습니다. 사도행전 16장 26절은 다음과 같이 말하고 있습니다. "이에 갑자기 큰 지진이 나서 옥터가 움직이고 문이 곧 다 열리며 모든 사람의 매인 것이 다 벗어진지라" 그러나 이 진동은 우리가 알고 있는 지진은 아니었습니다. 왜냐하면 이 진동은 바로 이 한 집단에게만 영향을 주었기 때문입니다. 지진이 일어났다고 해서 죄수들을 묶고 있는 밧줄이 끊어질 수도 없으며, 또 그들의 발에서 차꼬를 떨어져 나가게 할 수도 없습니다. 그러나 그 밧줄과 차꼬가 모두 그들에게서 떨어져 나갔던 것입니다. 이사야서 10장 27절에서 기름 부음으로 멍에가 부러지리라고 말씀하신 것을 기억해 보십시오.

집단적인 기름부음의 능력

나는 기름부음을 받아서 사람들에게 안수를 할 수 있습니다. 그러면 그들 중 많은 사람들이 치유를 받게 됩니다. 그러나 집단적인 기름부음은 보다 큰 효과를 갖고 있습니다.

언젠가 설교를 하고 있는데 교회 안을 어떤 바람이 통과해 지나가는 듯 했습니다. 모든 사람들이 다 그 소리를 들었습니다. 순식간에 교회 안에 있던 모든 죄인들이 구원을 받게 되고, 모든 타락했던 자들이 개심하게 되고, 성령을 받지 못했던 모든 사람들이 방언을 하기 시작했습니다. 그리고 모든 병든 자들이 치유함을 받게 되었습니다.

그곳에는 들것에 누워 있던 한 부인이 있었습니다. 그녀는 여섯 번이나 수술을 받았으며, 의사들은 이제는 더 이상 수술을 해도 소용이 없다고 말했습니다. 그 후 의사들은 그녀가 여섯 달 밖에 더 살 수 없다고 말했는데 이미 그 중 넉 달이 지나간 때였습니다. 그녀는 쇠약해져서 거의 송장같이 죽은 모습이었습니다. 그 집회에서 아무도 그녀를 위하여 기도하지 않았고 그녀에게 손도 대려 하지 않았습니다. 그러나 그 바람이 지나가자 그녀는 치유를 받아 들것에서 벌떡 일어나 교회 통로를 뛰어다녔습니다.

또 다른 한 여성도가 있었습니다. 그녀는 교인이었기 때문에 자신은 구원을 받았다고 생각했습니다. 그러나 그 바람이 지나갔을 때 그녀는 구원을 받게 되었습니다. 그때 그녀는 이때까지 결코 구원을 받지 못했었다는 사실을 깨닫게 되었습니다. 그녀는 거기 앉아서 방언을 했습니다. 그녀가 집으로 돌아왔을 때 그녀의 모든 육체적 질병도 깨끗이 사라졌습니다.

그 후 그 교회에서 부흥회를 인도하기 위해 다시 왔을 때 그녀는 내게 말했습니다. "그것뿐만이 아니에요. 그 후 저는 담배에는 아예 손도 대지 않았답니다. 저는 담배 한 개비도 피우고 싶지 않았고 피울 생각조차도 전혀 나지 않았습니다."

하나님께서는 오늘날에도 우리가 보다 큰 집단적인 기름부음을 갖기 원하시며, 우리는 이에 부응하여 기름부음을 받게 될 것입니다. 거기까지 반 발자국도 남지 않았습니다.

레마 성경 훈련 센터에서 있었던 한 성령 세미나에서, 나는 거듭날 때에 우리 안에 거하시는 성령과 성령세례를 받을 때 우리에게 임하시는 성령에 관해서 가르치기 시작했습니다. 어느 날 밤 우리 모두가 성령으로 충만하기 시작할 때 주님의 능력이 우리에게 임하셔서 3,000명이 모두 춤을 추었습니다. 우리들 중에는 UN 주재 아프리카 대사가 있었는데 그도 역시 성령을 받아서 춤을 추고 있었습니다.

몇 년 전 오순절 날에 나는 사람들이 성령을 받아 춤추는 것을 보았습니다. 나 자신도 때때로 성령 안에서 춤을 춥니다. 그러나 나는 내 생애에서 이번 일과 같은 것을 본 적이 없습니다. 우리는 스스로 뭔가 만들어내려고 하지 않았습니다. 사람들은 너무도 자주 무엇인가를 스스로 불러일으키려 노력합니다. 그런 행동은 아무런 능력도 만들어 내지 못합니다. 이런 것은 사실 그야말로 혐오스러운 일일 뿐입니다.

우리가 춤을 추며 하나님께 찬양을 드리는 동안 사람들은 곳곳에서 치유받기 시작했습니다. 마치 손가락으로 딱 하는 소리를 내듯이 그 교회 안에 있는 모든 사람들은 그 집단적인 기름부음이 작용하기 시작하자 치유를 받게 되었습니다.

그 곳에는 목발에 의지하는 열두 살 난 소년이 있었습니다. 축구를 하다가 다리가 부러졌습니다. 그러나 그는 목발을 내려놓고 교회 통로를 뛰어내려 왔습니다. 그 소년과 내

손자는 강단 위에 서서 흐느껴 울었습니다. 그 소년의 다리는 즉시 치유함을 받은 것입니다. 나는 어느 한 사람의 치유를 위해서도 기도하지 않았습니다. 보다시피 우리는 주님을 예배하는데 모두 하나가 되었던 것입니다.

하나님의 말씀은 춤을 추며 하나님을 찬양하라고 하십니다. 음악과 춤은 모두 하나님과 하나님의 백성에게 속한 것입니다. 마귀는 이 두 가지를 훔쳐 가서 악용하여 나쁜 길로 이끌어 갑니다.

당신은 일찍이 구약성경에서 찬양이 차지하고 있는 위치를 알고 있습니까? 여러분은 다음과 같이 주장할지도 모릅니다. "예, 그렇지만 해긴 목사님, 그것은 구약성경에 있는 일이지요."

나도 알고 있습니다. 그 말이 바로 내가 당신으로부터 듣고 싶었던 대답입니다.

만일 신약성경의 모형과 그림자인 구약성경에서 찬양이 예배와 사역에서 그토록 커다란 위치를 차지하고 있다면, 그 찬양이 오늘날 우리들에게 얼마나 더 중요한 위치를 차지하고 있겠습니까?

합심 기도

신약성경에서 합심 기도의 예를 사도행전 13장에서 살펴봅시다.

사도행전 13:1-2
1 안디옥 교회에 선지자들과 교사들이 있으니 곧 바나바와 니게르라 하는 시므온과 구레네 사람 루기오와 분봉 왕 헤롯의 젖동생 마나엔과 및 사울이라
2 주를 섬겨 금식할 때에 성령이 이르시되 내가 불러 시키는 일을 위하여 바나바와 사울을 따로 세우라 하시니

이 다섯 명의 하나님의 사람들이 주를 섬기며 금식하자 성령님이 임재 하셔서 계시를 주신 것입니다.

만일 우리가 그들이 어떻게 기도했는가를 알아서 우리도 같은 방식으로 기도한다면 그 기도는 같은 결과를 갖게 될 것입니다.

이에 대한 답을 하기 전에 먼저 사도행전 22장을 살펴봅시다. "후에 내가 예루살렘으로 돌아와서 성전에서 기도할 때에 황홀한 중에"(행 22:17) 위의 구절에서 바울은 기도를 하고 있었고 그리고 황홀경에 빠져있었습니다. 그의 기도는 성령의 능력을 나타나게 했습니다. 예수님께서 그에게 나타나 말씀하셨습니다. "속히 예루살렘에서 나가라 그들은 네가 내게 대하여 증언하는 말을 듣지 아니하리라"(행 22:18)

바울은 어떻게 기도했습니까? 나는 그가 자기 자신의 언어로 기도했다는 것을 확신합니다. 그러나 우리는 고린도전서 14장 18절에서 작은 단서를 발견할 수 있습니다. "내가 너희 모든 사람보다 방언을 더 말하므로 하나님께 감사하노라"

바울은 에베소 교회에 편지를 쓰면서 다음과 같이 말했습니다. "모든 기도와 간구를 하되 항상 성령 안에서 기도하고 이를 위하여 깨어 구하기를 항상 힘쓰며 여러 성도를 위하여 구하라"(엡 6:18)

전에 보았던 사도행전 4장 23, 24절을 기억해 보십시오. 이들 중 몇 명은 자기 자신의 마음(이해력)으로 기도했을 것이나, 많은 사람들은 영으로 기도했을 것이라고 나는 확신합니다. 우리가 성경에서 보는 이들의 기도 내용은 한마음으로 기도하는 자들의 소리를 통역한 것입니다. 우리는 이들이 "한마음으로 하나님께 소리를 높여" 기도했다는 사실에 유의해야 합니다. 이들 중 많은 사람들이 서로 다른 방언으로 기도했음에 틀림없습니다. 바울은 성전에서 황홀경에 빠져 기도드릴 때 고린도전서 14장 14, 15절의 말씀처럼 자신의 마음으로도 기도하고 영으로도 기도했습니다. 영적인 결과를 얻기 위해서는 영적인 기도가 필요합니다.

사도행전 13장에서 바울과 다른 이들이 주님을 섬길 때 어떻게 섬겼을까요? 그들은 기도와 찬미와 노래로 주님을 섬겼습니다. 에베소서 5장 19절은 우리에게 "시와 찬송과 신령한 노래들로 서로 화답하며 너희의 마음으로 주께 노래하며 찬송하며"라고 말하고 있습니다. 이런 것이 주님을 섬기는 일 아니겠습니까?

한 걸음 더 나아가 봅시다. 바울은 골로새 교회에게 편지를 쓰며 다음과 같이 말했습니다. "그리스도의 말씀이 너희 속에 풍성히 거하여 모든 지혜로 피차 가르치며 권면하고 시와 찬송과 신령한 노래를 부르며 감사하는 마음으로 하나님을 찬양하고"(골 3:16) 바울은 "하나님을 찬양하고"라고 말했습니다. 이 점을 깨달아야 합니다. 우리는 서로 서로를 섬길 수 있어야 할 뿐만 아니라, 주님을 섬길 수 있어야 합니다. 바울의 일행이 하고 있던 일도 바로 이런 일이었다고 나는 확신합니다. 그들은 시와 찬미로 말하고 주님을 찬양하고, 주님을 섬기며, 또한 자신의 언어와 방언으로 기도드렸습니다. 그들이 주님을 섬기며 금식할 때 성령께서 말씀하신 것입니다. 보는 바와 같이 이러한 기도가 하나님의 능력과 하나님의 영을 나타나게 하는 것입니다.

이들 다섯 사람이 주님을 섬기며 금식할 때 이들은 함께 기도했습니다. 그들은 함께 하나님을 예배하고 있었던 것입니다. 합심하여 하는 기도에는 특별한 의미가 있으며, 합심하여 하는 찬양에는 특별한 의미가 있으며, 합심하여 하나님을 예배하는 것에는 특별한 의미가 있습니다. 우리 주님께서 사도들을 둘씩 짝지어 내보내신 것을 보면 주님께서도 이 사실의 특별한 의미를 강조하신 것입니다.

마태복음 18장 19절에 보면 예수님께서 몸소 다음과 같은 말씀을 하셨습니다. "무엇이든지 너희가 땅에서 매면 하늘에서도 매일 것이요 무엇이든지 땅에서 풀면 하늘에서도 풀리리라"

믿는 자들의 예배

내가 목회를 한 12년 동안 나는 단 하나의 교회만을 신약성경에서 말하는 이상적인 교회라고 할 수 있는 일치의 수준으로 이끌 수 있었습니다. 기적이 일어나는 것은 보통 일이었고 초자연적인 현상도 나타났었습니다.

당신도 알다시피, 1939년과 1940년 당시는 대공황기가 끝나는 때여서 지금과는 상황이 매우 달랐습니다. 그 당시에는 사람들이 주일 밤 예배에 제일 많이 모였습니다. 1939년에는 10센트짜리 동전 하나만 있으면 쇼 구경을 갈 수 있었습니다. 그러나 아무도 10센트짜리 동전 하나도 구할 수가 없었습니다! 그래서 죄인들이 교회로 몰려들었습니다. 그들은 교회건물 뿐만 아니라 마당까지도 가득 채우곤 했습니다. 우리는 에어컨이 없었을 뿐더러 봄, 여름, 가을에는 아예 창문을 열어두었습니다. 교회 안보다는 교회 밖에 사람들이 더 많았습니다. 그들은 열두 겹에서 열다섯 겹으로 둘러서서 모두 교회 안을 들여다보고 있었고, 교회의 정면에서 큰 길에 이르기까지 사람들이 꼼짝도 않고 서서 들여다보며 진지하게 서 있었습니다.

나는 주일 아침에는 주일 저녁때와는 다른 형태의 예배를 인도했습니다. 주일 오전 예배에는 대부분 우리 교회 교인들이 참석하기 때문에 나는 전도 집회 형태의 예배보다는 교인들 중심의 예배를 드렸는데, 나는 이런 예배를 "믿는 자들의 예배"라고 불렀습니다. 그 당시 나는 2년이 넘도록, 설교를 하지 않고 그냥 강단에 앉아 다음과 같이 말하곤 했습니다. "저는 이 예배를 성령님께 맡기겠습니다. 여러분이 받은 은혜는 무엇이든지 일어나서 말씀하십시오."

또한 나는 교인들에게 이렇게 말하곤 했습니다. "만일 여러분이 찬송하고 싶다면, 춤추고 싶다면, 예언이나 방언을 하고 싶다면 망설이지 말고 하십시오. 혹시 잘못된다 해도 우리가 바르게 할 수 있도록 여러분을 도와 드릴 것입니다. 여러분을 비판하는 것이 아니라 오직 사랑으로 도와드릴 것입니다."

우리는 당신이 평생 보아온 것 중 가장 감동적인 몇 가지를 체험했습니다. 우리는 때로는 찬송을 부르고 때로는 하나님께 찬양을 드리다가는 조용히 앉아 있기도 했습니다. 이런 모임들은 때때로 오후 1시 30분이나 2시까지 계속되기도 했으며, 또 우리는 45분에서 1시간 30분 동안을 아무도 움직이는 사람 없이 앉아 있기도 하였습니다. 우리는 유아실도 없었고 주일학교 교실이 없었던 것은 물론이요, 심지어 화장실도 교회 안에 없었습니다.

그런데도 나는 하나님의 능력이 임재하시는 것을, 성령께서 자신의 전에 강림하시는 것을, 기름부음이 임하는 것을 보았습니다. 그리고 거기에는 어떤 성스러운 경외감이 있었습니다. 그 경외감은 우리가 방울뱀이나 큰 회오리바람 같은 것을 볼 때에 느끼는 공포감 같은 것을 의미하는 것이 아닙니다. 그 성스러운 경외감이 우리에게 임재하게 되었을 때 아무도 말하는 사람이 없었으며 어린 아기도 울지 않았습니다. 바늘 떨어지는 소리라도 들을 수 있었을 것입니다. 그 분위기는 마치 사람들이 움직이기를 두려워하는 듯했습니다. 주님의 영광이 교회 안에 가득했습니다. 우리는 마치 그 영광의 한 덩어리를 잘라 집으로 가져갈 수도 있는 것처럼 느꼈습니다.

우리 교회에 아직 구원받지 못한 한 남자가 있었는데, 그는 자기 부인을 주일 학교 시간에 교회로 데려다 주고는 자신은 집으로 돌아갔다가 정오쯤에 아내를 데리러 돌아오곤 했었습니다. 어느 주일날 그는 아내를 데리러 교회 옆 주차장까지 차를 몰고 왔는데 아무런 소리도 들리지 않았습니다. 그래서 그는 차 밖으로 나와 교회 창문 쪽으로 다가갔습니다.

후에 그는 이렇게 말했습니다. "주차장에 많은 차들이 그대로 있어서 교회 안에 모두가 그대로 있다는 것을 알았어요. 그렇지만 전 생각했어요. 휴거라도 일어난 건가 하고요."

그는 교회가 텅 비었는지 어쩐지 보려고 안을 들여다 본 것입니다. 그러나 교회 안에는 모든 사람들이 그대로 앉아 있었습니다. 그는 살짝 안으로 들어와서 뒷줄에 앉았습니다. 그 후 10분이 넘도록 모든 사람들이 가만히 앉아서 아무 말도 하지 않았습니다. 앉아만 있던 그가 갑자기 몸을 진동하기 시작했습니다. 그러더니 그는 온몸을 떨면서 일어나서 통로로 내려와 앞으로 나왔습니다. 그는 강단 위에 쓰러지며 하나님께 부르짖었습니다.

아무도 그와 함께 기도하려고 강단 위로 가지 않았습니다. 우리는 그냥 앉아 있었습니다. 나는 말했습니다. "하나님께서 시작하셨으니, 하나님께서 끝내도록 합시다." 우리가 가진 문제가 바로 그것입니다. 하나님께서 하시는 일을 우리의 생각으로 방해할 때가 많다는 것입니다.

한번은 나의 막내 동생이 열여섯 살인가 열일곱 살 때 여름에 우리를 방문한 적이 있었습니다. 그는 예의상 주일 예배에 참석했던 것입니다. 그는 '믿는 자들의 예배'에 참석했습니다. 의자에 앉아 있던 그가 갑자기 몸을 떨기 시작했습니다. 그는 온몸을 떨며 일어나서 강단으로 걸어 나왔습니다. 그는 구원을 받았으며 방언으로 말하기 시작했습니다. 우리는 그가 하는 대로 가만히 두었습니다. 그를 위해 기도도 하지 않았습니다. 하나님께서 시작하신 일이므로 하나님께서 끝마치시도록 그냥 두었습니다.

나는 그런 일이 일어나는 것을 여러 번 보았습니다. 어떤 죄인이 교회에 나오게 되면 100번 중 99번은 아무도 그를 위해 말씀 한 마디 전하지 않았는데도 그 사람이 구원을 받게 되곤 했습니다. 우리는 그와 같이 성령이 역사하시도록 해야 합니다. 이런 일이 또 몇 년 전에 감리교회에서 일어났습니다. 찰스 피니 목사님이 인도하시는 집회에서 하나님의 능력이 많은 죄인들에게 임하셔서 그들이 모두 넘어지곤 했습니다.

기적적인 일이나 초자연적인 일은 사람들의 관심을 끌게 됩니다. 그러나 나는 내가 목회한 대부분의 교회들을 그 일치된 수준으로, 그렇게 성령님이 역사하시는 수준으로, 하나님을 찬양하는 수준으로 만들 수는 없었습니다.

하나님께서는 우리가 그런 일치된 교회로 되돌아가기를 바라신다고 나는 믿습니다. 나는 대규모의 집회를 갖기를 기대합니다. 2만 명이 참석했던 털사에서의 야외 집회 때와 같이 하나님의 능력이 우리 모두를 휩쓸어 치유를 원하는 사람들이 별도로 줄을 서지 않아도 치유함을 받아 집으로 돌아가게 될 그러한 대규모의 집회를 갖게 되기를 기대합니다. 성령을 받지 못한 사람들도 모두 방언을 하며 집으로 돌아가게 되고, 그리고 구원받지 못한 사람들도 모두 주님의 능력과 임재하심으로 구원받아 집으로 돌아가게 될 것입니다.

내가 덴버에서 집회를 가진 후 털사로 돌아갔을 때 한 부인이 나에게 다음과 같은 편지를 보내왔습니다. "해긴 목사님, 우리 부부는 목사님께 좋은 소식을 전하고자 합니다. 저는 저의 남편을 설득하여 목사님의 집회에 데리고 갔었습니다. 그는 그때 구원을 받지 못한 상태였고 또 그의 심장병이 매우 악화된 상태였습니다. 심장 전문의들은 남편이 길어야 6개월 이상을 넘기기는 힘들 것이라고 말했었습니다."

그녀는 남편을 사랑하고 있었으며 또 남편이 치유되기를 바라고 있었습니다. 그녀는 계속 다음과 같이 썼습니다. "저는 남편을 조르고 또 졸라 같은 말을 거듭 반복해서 마침내 승낙을 얻어 목사님 집회에 참석시켰습니다. 우리가 도착했을 때, 교회는 벌써 사람으로 가득 차 있었습니다. 교회 발코니로 올라간다는 것이 그의 심장으로는 무리였으나 우리는 가까스로 그 곳에 올라가 마지막 남은 두 자리를 차지하고 앉았습니다. 저는 너무나 당황했습니다. 왜냐하면 목사님께서 설교를 하고 계시는데 남편은 큰소리로 '저 말은 한마디도 믿을 수 없어. 말도 안 돼'라고 하면서 떠들어 댔습니다. 주위에 있는 사람들이 그에게 조용히 하라고 했습니다. 저는 너무도 창피해서 얼굴을 푹 숙이고 있었습니다. 남편은 한두 번 거의 악담에 가까운 말과 끔찍한 말을 사용하기도 했습니다. 그런데 목사님이 사람들에게 안수하기 시작했는데 사람들이 주님의 권능 아래서 쓰러지기 시작했어요. 남편은 '최면술일 뿐이야. 그런 일은 세상에 흔히 있단 말이야'라고도 말했습니다."

여기서 그 부인이 모르고 있었던 사실이 있어서 여러분에게 내 이야기부터 먼저 좀 하고자 합니다. 내가 그때 치료받으러 줄을 서 있는 사람들에게 안수를 하고 있을 때, 나는 영광의 구름이 밀려들어오는 것을 보았습니다. 그것은 마치 바다의 파도와 같았지만 그 모양은 바로 구름이었습니다. 나는 그 구름이 밀려들어오는 것을 보고 강단 위로 물러섰었습니다. 왜냐하면 내가 그 구름 속으로 들어가게 되면 나도 다른 사람들과 함께 쓰러져 버릴 것이기 때문이었습니다. 그 구름이 바로 그들의 머리 위에 도달했습니다. 그때 나는 내 손을 들어 흔들었습니다. 그러자 모든 사람들이 연달아 넘어졌던 것입니다.

이 부인은 계속했습니다. "목사님께서 두 번째 줄 중간쯤까지 오시더니 갑자기 뒤로 물러갔었습니다.(그때가 바로 내가 연단 위로 물러났을 때였습니다.) 그때 저의 남편이 말했습니다. '그것이 나의 온몸을 휩쓸고 있어, 그것이 나의 온몸을 휩쓸고 있어, 그것이 나의 온몸을 휩쓸고 있단 말이오!' 저는 남편에게 물었습니다. '무엇이 당신 몸을 휩쓸고 있어요?' 남편은 '당신이 말하던 그 능력이!' 라고 대답했습니다." 그리고 그는 즉시 치유함을 받았던 것입니다.

그녀는 다음과 같이 덧붙였습니다. "저는 목사님에게 중요한 사실을 하나 더 알려드리고 싶습니다. 저의 남편은 육체적으로 새로운 심장을 갖게 되었을 뿐만 아니라 영적으로도 새로운 심령을 갖게 되었답니다. 그는 새사람이 되었어요!"

이러한 기적들이 예외적인 몇몇 경우에만 일어나는 것이 아니라고 나는 믿습니다. 주님의 영광은 나타나기 마련입니다. 그녀의 남편이 그의 심장 전문의를 다시 찾아갔을 때 그 전문의는 진찰을 하고 나서 "내가 당신에게 할 말은 이것 밖에 없습니다. 저 위에 계시는 그분이 당신을 좋아하시는 것 같습니다. 당신은 완전히 신품 심장을 갖게 되었습니다."라고 말했다고 그 부인이 전했습니다.

그 남자의 심장은 완벽하게 정상적으로 작동했습니다. 하나님의 영광이 하나님의 전을 가득 채웠던 것입니다.

당신이 주님의 성전입니다. 고린도에 있던 교회 전체가 - 여기든 어디든 교회 전체가 하나님의 성전인 것을 깨닫고 이해하지 못하겠습니까? 그리고 당신은 하나님의 영이 집단적으로는 교회로서 당신 안에, 그리고 또 개인적으로도 당신 안에 거하신다는 것을 깨닫고 이해해야 합니다.

우리는 주님께서 나타나시기를 고대해야 합니다. 우리는 주님께서 약속하신 것들 즉 우리를 가르치시고 인도하시겠다는 것들을 해주시기를 기대해야 합니다. 우리는 목사님이 기름 부으심을 받기를 기대해야 합니다. 목사님이 기름부음을 받지 못하면 교인들은 불평을 하지 않습니까? 그러나 하나님의 집, 하나님의 몸인 교회의 구성원으로서 당신의 맡은 바 책임이 무엇이라고 생각합니까?

예언

*우리는 지금 하나님의 일들을 향해
전진해 나가고 있습니다!
그리고 내가 성령께서 말씀하시는 것을 들으니,
그 말씀을 따라 앞날의 계시가 내려올 것입니다.*

말씀 위에 말씀으로
가르침 위에 가르침으로
계시가 내릴 때
남녀가 모두 성령으로 충만하리니
네가 살고 있는 이 시대에도
능력과 영광, 성령과 기름부음이 나타나
사람들을 놀라게 할 것이다.
이제, 하나님의 역사하심 주변에서 맴돌던
많은 사람들은 뒤로 주춤 물러서서 말할 것이다.
"아아, 그건 광신적인 행위야.
안 돼, 우리는 동참할 수 없어.
우리는 점잖고 조용한 것이 좋아."
너를 비난하고 욕하는 사람들 향해
절대로 절대로 절대로 분노하지 말아라.
조금의 분노도, 악의도, 적개심도 품지 말아라.
오직 계속 걸어가라.
사랑으로 계속 걸어가라.
능력으로 계속 걸어가라.
성령 안에서 계속 걸어가라.
주님과 함께 계속 걸어가라.
그러면 주님이 네게 오셔서
자신의 모습을 드러내실 것이다.
성경에도 기록되어 있다.

주님은 비처럼 우리에게 오실 것이라고.
성령도 그렇게 임하신다.
주님의 능력도 나타날 것이다.
그리고 그 보상은 참으로 클 것이다.
많은 사람들이 축복받을 것이다.
위대하고 좋은 날들이 코앞에서 기다리고 있다.
계속 걸어가라.
예, 곧 보게 될 것이다.
주님의 영광이 네게 나타나는 것을 보게 될 것이다.
많은 사람들이 성령의 감동 받아
모두가 인정하여 말할 것이다.
"저기 저곳에서 지금 기적이 일어나고 있어.
주님께서 저들에게 자비를 베풀려고 하셨을 거야"라고.
그러나 아니다. 그들이 본 것은
하나님의 역사가 흐르는 것과
하나님과 함께 동행하기에 합당하게 준비된 것이다.

주님은 오늘밤 이 땅에서 역사하십니다.
주님은 그의 몸 안에 거하십니다.
그것은 바로 교회, 하나님의 집입니다.
주님의 영광이 성전에 충만할 것입니다.
많은 사람들이 말할 것입니다.
"나는 저런 일들과는 맞질 않아.

우리는 여기 훌륭한 교회를 갖고 있어.
주님이 우리를 인정해 주셨잖아."
그러나 만군의 주님께서 말씀하십니다.
내가 인정하는 것은 오직
나의 말씀에 일치하는 것들 뿐.

말씀 속으로 들어가라.
성령이 너로 말씀에 눈을 뜨게 하실 것이다.
너의 마음뿐 아니라
너의 영 안에도 계시를 내려 주실 것이다.
그러면, 너의 영혼은 하나님의 일들을 향해
더욱 활기에 차게 될 것이다.
그러면 성령은 너의 영을 통해
너를 가르치고 훈계하며 너를 지도할 수 있게 될 것이다.

케네스 E. 해긴 박사

믿음의 말씀사 출판물

구입문의 : 031-8005-5483 / 5493 http://faithbook.kr

■ 케네스 해긴의 「믿음 도서관」 책들

문고판(소책자)
- 그리스도 안에서 | 값 1,000원
- 새로운 탄생 | 값 1,000원
- 재정 분야의 순종 | 값 1,000원
- 나는 지옥에 갔다 왔습니다 | 값 1,000원
- 하나님의 처방약 | 값 1,000원
- 더 좋은 언약 | 값 1,000원
- 예수의 보배로운 피 | 값 1,000원
- 하나님을 탓하지 마십시오 | 값 1,000원
- 네 주장을 변론하라 | 값 1,000원
- 셀 모임에서 성령인도 받기 | 값 1,000원
- 안수 | 값 1,000원
- 치유를 유지하는 법 | 값 1,000원
- 사랑은 결코 실패하지 않습니다 | 값 1,000원
- 하나님께서 내게 가르쳐 주신 형통의 계시 | 값 1,000원
- 왜 능력 아래 쓰러지는가? | 값 1,000원
- 다가오는 회복 | 값 1,000원
- 잊어버리는 법을 배우기 | 값 1,000원
- 위대한 세 단어 | 값 1,000원
- 하나님의 은사와 부르심 | 값 1,000원
- 그 이름은 "놀라우신 분" | 값 1,000원
- 우리에게 속한 것을 알기 | 값 1,000원
- 방언기도의 능력을 풀어 놓으라 | 값 1,200원
- 말 | 값 1,200원
- 성령을 받는 성경적인 방법 | 값 1,200원
- 하나님의 영광 | 값 1,200원
- 은혜 안에서의 성장을 방해하는 다섯 가지 | 값 1,200원
- 사랑 가운데 걷는 법 | 값 1,200원
- 바울의 계시: 화해의 복음 | 값 1,200원
- 당신은 당신이 말하는 것을 가질 수 있습니다 | 값 1,200원
- 옳은 사고방식 틀린 사고방식 | 값 2,000원
- 속량 – 가난, 질병, 영적 죽음에서 값 주고 되사다 | 값 2,000원
- 네 염려를 주께 맡겨라 | 값 2,000원
- 예언을 분별하는 일곱 단계 | 값 2,000원
- 절망적인 상황을 반전시키기 | 값 2,000원
- 당신의 믿음을 풀어 놓는 법 | 값 2,000원
- 진짜 믿음 | 값 2,000원
- 믿음이란 무엇인가 | 값 2,000원

국판
- 그리스도께서 지금 하고 계시는 일 | 값 2,500원
- 충분하고도 넘치는 하나님 엘 샤다이 | 값 2,500원
- 금식에 관한 상식 | 값 2,500원
- 하나님의 말씀 : 모든 것을 고치는 치료제 | 값 3,000원
- 가족을 섬기는 법 | 값 3,000원
- 조에 | 값 4,000원
- 당신이 알아야 하는 신유에 관한 일곱 가지 원리 | 값 5,000원
- 여성에 관한 질문들 | 값 5,000원
- 인간의 세 가지 본성 | 값 5,500원
- 몸의 치유와 속죄 | 값 6,000원
- 크게 성장하는 믿음 | 값 6,000원
- 하나님 가족의 특권 | 값 6,500원
- 기도의 기술 | 값 7,000원
- 나는 환상을 믿습니다 | 값 7,000원

- 병을 고치는 하나님의 말씀 | 값 7,000원
- 영적 성장 | 값 7,000원
- 신선한 기름부음 | 값 7,000원
- 믿음이 흔들리고 패배한 것 같을 때 승리를 얻는 법 | 값 7,000원
- 믿음의 선한 싸움을 싸우는 법 | 값 7,000원
- 하나님의 계획과 목적과 추구 | 값 8,000원
- 예수 열린 문 | 값 8,000원
- 믿음의 계단 | 값 8,500원
- 당신을 향한 하나님의 계획 | 값 8,500원
- 역사하는 기도 | 값 9,000원
- 기름부음의 이해 | 값 9,000원
- 내주하시는 성령 임하시는 성령 | 값 9,000원
- 재정적인 번영에 대한 성경적 열쇠들 | 값 9,000원
- 어떻게 하나님의 영으로 인도받을 수 있는가? | 값 10,000원
- 마이더스 터치 | 값 10,000원
- 치유의 기름부음 | 값 10,000원
- 그리스도의 선물 | 값 12,000원
- 방언 | 값 12,000원
- 믿는 자의 권세(생애기념판) | 값 13,000원
- 믿음의 양식 | 값 13,000원
- 승리하는 교회 | 값 15,000원

■ E. W. 케년
- 십자가에서 보좌까지 무슨 일이 일어났는가? | 값 12,000원
- 두 가지 의 | 값 7,000원
- 놀라우신 그 이름 예수 | 값 7,000원
- 하나님 아버지와 그분의 가족 | 값 12,000원
- 나의 신분증 | 값 4,000원
- 두 가지 생명 | 값 11,000원
- 새로운 종류의 사랑 | 값 6,000원
- 그분의 임재 안에서 | 값 13,000원
- 두 가지 지식 | 값 4,500원
- 피의 언약 | 값 4,000원
- 숨은 사람 | 값 12,000원

■ 스미스 위글스워스
- 승리하는 믿음 | 값 4,000원
- 스미스 위글스워스의 천국 | 값 11,000원
- 스미스 위글스워스의 매일묵상 | 값 20,000원
- 위글스워스는 이렇게 했다 | 피터 J. 매든 지음 · 값 9,000원
- 스미스 위글스워스의 능력의 비밀 | 피터 J. 매든 지음 · 값 7,000원

■ T. L. 오스본
- 행동하는 신자들 | 값 4,000원
- 기적 – 하나님 사랑의 증거 | 값 4,500원
- 새롭게 시작하는 기적 인생 | 값 8,000원
- 좋은 인생 | 값 13,000원
- 성경적인 치유 | 값 10,000원
- 능력으로 역사하는 메시지 | 값 12,000원
- 100개의 신유 진리 | 값 1,000원
- 24 기도 원리 7 기도 우선순위 | 값 1,000원
- 하나님의 큰 그림 | 값 5,500원
- 긍정적 욕망의 힘 | 값 10,000원

■ 잔 오스틴
- 믿음의 말씀 고백기도집
- 하나님의 사랑의 흐름
- 견고한 진 무너뜨리기
- 초자연적인 흐름을 따르는 법
- 당신의 운명을 바꿀 수 있습니다
- 어떻게 하나님의 능력을 풀어놓을 수 있는가?

■ **크리스 오야킬로메**
- 방언기도학교 31일 | 값 2,500원
- 여기서 머물지 말라 | 값 2,500원
- 이제 당신이 거듭났으니 | 값 1,500원
- 당신의 인생을 재창조하라 | 값 2,000원
- 이 마차에 함께 타라 | 값 5,000원
- 그리스도 안에 있는 당신의 권리 | 값 2,500원
- 당신의 치유를 유지하기 | 값 500원
- 성령님과 당신 | 값 2,500원
- 방언의 능력 | 값 1,000원
- 성령님이 당신 안에서 행하실 일곱 가지 | 값 3,500원
- 성령님이 당신을 위해 행하실 일곱 가지 | 값 3,000원
- 기적을 받고 유지하는 법 | 값 2,500원
- 하나님께서 당신을 방문하실 때 | 값 3,500원
- 올바른 방식으로 기도하기 | 값 2,500원
- 당신의 믿음을 역사하게 하는 법 | 값 5,000원
- 끝없이 샘솟는 기쁨 | 값 1,500원
- 기름과 겉옷 | 값 4,000원
- 약속의 땅 | 값 8,000원
- 하나님의 일곱 영 | 값 5,000원
- 예언 | 값 4,000원
- 시온의 문 | 값 4,000원
- 하늘에서 온 치유 | 값 10,000원
- 효과적으로 기도하는 법 | 값 6,500원
- 어떤 질병도 없이 | 값 6,000원
- 주제별 말씀의 실재 | 값 15,000원

■ **앤드류 워맥**
- 당신은 이미 가졌습니다 | 값 11,000원
- 은혜와 믿음의 균형 안에 사는 삶 | 값 11,000원
- 하나님은 당신이 건강하기 원하십니다 | 값 10,000원
- 영 · 혼 · 몸 | 값 8,500원
- 전쟁은 끝났습니다 | 값 11,000원
- 믿는 자의 권세 | 값 12,000원
- 새로운 당신과 성령님 | 값 6,500원
- 노력 없이 오는 변화 | 값 10,000원
- 하나님의 충만함 안에 거하는 열쇠 | 값 9,000원
- 더 좋은 기도 방법 한 가지 | 값 9,000원

■ **기타 「믿음의 말씀」 설교자들**
- 성령의 삶 능력의 삶 | 데이브 로버슨 지음 · 값 13,000원
- 복을 취하는 법 | R.R. 쏘아레스 지음 · 값 5,500원
- 주는 자에게 복이 되는 선물 | R.R. 쏘아레스 지음 · 값 6,000원
- 믿음으로 사는 삶 | 코넬리아 나훔 지음 · 값 6,000원
- 붉은 줄의 기적 | 리차드 부커 지음 · 값 10,000원
- 당신이 말한 대로 얻게 됩니다 | 돈 고셋 지음 · 값 10,000원
- 예수-치유의 길 건강의 능력 | 윌포드 H. 리트 지음 · 값 11,000원
- 믿음과 고백 | 찰스 캡스 지음 · 값 12,000원
- 임재 중심 교회 | 테리 테이클/린 폰더 지음 · 값 11,000원
- 성령충만한 그리스도인의 지침서 | 데릭 프린스 지음 · 값 30,000원
- 열정과 끈기 | 조엘 코미스키 지음 · 값 8,000원

■ **김진호 · 최순애**
- 왕과 제사장 | 김진호 지음 · 값 6,500원
- 새로운 피조물의 실재 | 김진호 지음 · 값 9,000원
- 믿음의 반석 | 최순애 지음 · 값 12,000원
- 새 언약의 기도 | 최순애 지음 · 값 8,000원
- 새로운 피조물 고백기도집 | 최순애 지음 · 값 4,500원
- 성령 인도 | 최순애 지음 · 값 7,000원
- 복음의 신조 | 최순애 지음 · 값 8,000원
- 존중하는 삶 | 최순애 지음 · 값 8,000원